政务新媒体

引爆指尖上的“政能量”

袁国宝◎著

中国经济出版社

图书在版编目（CIP）数据

政务新媒体：引爆指尖上的“政能量”／袁国宝著．

-- 北京：中国经济出版社，2020.1（2025.1 重印）

ISBN 978-7-5136-5779-2

Ⅰ．①政… Ⅱ．①袁… Ⅲ．①电子政务－研究－中国 Ⅳ．① D630.1-39

中国版本图书馆 CIP 数据核字（2019）第 166123 号

责任编辑　张梦初　戴　瑛

责任印制　巢新强

封面设计　水玉银文化

出版发行　中国经济出版社

印 刷 者　北京艾普海德印刷有限公司

经 销 者　各地新华书店

开　　本　710mm × 1000mm　1/16

印　　张　17.25

字　　数　211 千字

版　　次　2020 年 1 月第 1 版

印　　次　2025 年 1 月第 3 次

定　　价　58.00 元

广告经营许可证　京西工商广字第 8179 号

中国经济出版社 **网址** www.economyph.com **社址** 北京市东城区安定门外大街 58 号 **邮编** 100011

本版图书如存在印装质量问题，请与本社发行中心联系调换（联系电话：010-57512564）

前言

移动互联网时代，政务新媒体在加快转变政府职能、推动服务型政府建设、探索社会治理新模式，提高社会治理能力等方面爆发出了惊人能量，成为党和政府连接群众、沟通群众、服务群众的绝佳工具。我国政府对政务新媒体建设给予高度重视，相继出台《国务院办公厅关于推进政务新媒体健康有序发展的意见》《政府网站与政务新媒体检查指标》《政府网站与政务新媒体监管工作年度考核指标》等多份指导性文件推动政务新媒体的健康有序发展。

为顺应新媒体时代发展规律，满足人民群众对政务信息及服务的多场景、碎片化需求，从中央到地方的各级政府部门进行了广泛而深入的政务新媒体实践探索，涌现出了“公安部打四黑除四害”“共青团中央”“成都发布”“南京发布”“平安北京”等优秀政务新媒体，它们积极通过微博、微信等新媒体平台传播政府声音、开展政策解读、回应公众关切，得到社会各界的一致认可与好评。

《人民日报》于2018年12月27日发布的评论文章——《政务新媒体如何真便民：定位要清晰　服务须实用》一文中指出：“根据统计，全国各级行政机关、承担行政职能的事业单位目前已开设政务新媒体17.87万个。

然而，‘一哄而上’跟风建设，后期运维财力人力却跟不上；‘僵尸应用’应付管理，内容推送、互动服务远离百姓，这些情况还时有发生。”

诸多实践案例表明，做好政务新媒体建设绝非一件简单的事情，特别是在新媒体运营迈向精细化、集约化、矩阵化阶段，它既需要在顶层设计方面做好统筹协调与系统规划，又需要因地制宜开展基层创新，制订更为科学、更有效率的落地方案。

目前，越来越多的政务新媒体从“两微一端”（微博、微信、政务客户端）向短视频平台、知识分享平台和FM音频平台拓展，这为政务新媒体运营提供更多机遇的同时，也对运营团队的综合实力带来了更大的挑战，如何对不同政务新媒体平台进行精准定位，如何做好内容规划，如何建立健全突发事件应急机制，如何做好活动运营，如何提高流量和用户活跃度等，都是政务新媒体工作者需要解决的重点问题。

想要实现“到2022年，建成以中国政府网政务新媒体为龙头，整体协同、响应迅速的政务新媒体矩阵体系……形成全国政务新媒体规范发展、创新发展、融合发展新格局”的政务新媒体建设目标，各级政府部门必须大力提高政务新媒体运营管理水平，提高工作人员的思想水平、服务意识、媒介素养。

然而由于功利主义、主观主义、形式主义的存在，很多政务新媒体暴露出政务发布不严谨、政务互动不回应、政务服务不实用等诸多问题。这使政务新媒体造成资源浪费的同时，更在广大民众心中留下严肃刻板、姿态“高冷”等负面印象，不利于政府部门建设和谐、友善、互信的政民关系。

鉴于此，本书立足移动互联网时代的媒介环境与传播规律，结合政府部门政务新媒体建设诉求以及广大民众的政务需求等，针对政务新媒体的发展现状与问题，为政务新媒体从业者人员廓清迷雾、指明方向，提出系统性、实操性的政务新媒体建设解决方案。

本书依据当前我国政务新媒体的发展现状与趋势，全面梳理了我国政务新媒体的实践成果与经验，并指出了政务新媒体发展过程中面临的问题与痛点，从推进政务公开、优化政务服务、凝聚社会共识、创新社会治理、推动媒体融合等多维度着手，结合丰富的实战案例，深度剖析了微博、微信、抖音等国内主流新媒体平台运营技巧与方法，构建了一套完整的政务新媒体矩阵体系，全面提升政务新媒体传播力、引导力、影响力、公信力。本书适合全国各级党政机关、新闻媒体机构、政务服务工作者、新媒体从业者以及对政务新媒体感兴趣的读者的学习和参考。

本书强调政务新媒体建设必须坚持从账号主体部门的职能和服务特点出发，结合公众的实际需求，明确定位和发展方向，科学管理、统筹规划，从单一的政务信息公开发布、突发舆情处理，转变至日常新闻舆论传播、服务民众、改善民生的全新发展阶段，与智慧政府、电子政务、“互联网+政务服务”建设相结合，建设利企便民、亮点纷呈、人民满意的网上政府，引爆指尖上的“政能量”。

展望未来，受政策扶持、新媒体平台助推、需求爆发等多重利好因素驱动，将会有更多地区、更多形式、更多服务功能的政务新媒体涌现，在满足广大人民群众幸福美好生活需要的同时，推动我国政务新媒体建设日渐成熟。

目 录

第一章
政务新媒体：推进我国服务型政府建设

政务新媒体的发展现状、演变与趋势

新媒体时代的政务服务创新

政务新媒体是增强政府公共服务能力、推动政府治理能力现代化、实现从管制型政府向服务型政府转变的重要推力。因此，推进政务新媒体的健康有序发展受到了我国政府的高度重视。

2018年12月7日，国务院办公厅发布了《关于推进政务新媒体健康有序发展的意见》（以下简称《意见》），对政务新媒体的重要意义、政务新媒体建设的指导思想、工作目标、基本原则等进行了明确。

《意见》中强调：“政务新媒体是移动互联网时代党和政府联系群众、服务群众、凝聚群众的重要渠道，是加快转变政府职能、建设服务型政府的重要手段，是引导网上舆论、构建清朗网络空间的重要阵地，是探索社会治理新模式、提高社会治理能力的重要途径。”

同时，《意见》中明确指出：“到2022年，建成以中国政府网政务新媒体为龙头，整体协同、响应迅速的政务新媒体矩阵体系，全面提升政务新媒体传播力、引导力、影响力、公信力，打造一批优质精品账号，建设更加权威的信息发布和解读回应平台、更加便捷的政民互动和办事服务平台，形成全国政务新媒体规范发展、创新发展、融合发展新格局。”

从微博、微信，到今日头条、抖音等，新媒体平台大量涌现，政府部门如何积极践行“互联网+政务”模式，将自身的职能属性和媒体平台的特征、用户群体等相结合，提高政务服务水平，更好地沟通、连接、服务群众，实现政通人和，成为各级政府部门面临的时代课题。

移动互联网已经成为人们生活与工作的重要组成部分。2019年2月28日，中国互联网络信息中心（CNNIC）发布了第43次《中国互联网络发展状况统计报告》。该报告中指出，截至2018年12月，我国网络规模达8.29亿，全年新增网民5653万。其中，手机网民的规模达到8.17亿，全年新增手机网民6433万。2018年全年移动互联网接入流量消费达711.1亿GB，较2017年底增长189.1%。

通过移动互联网、物联网等信息技术发展电子政务，优化服务流程，提高服务效率与体验，受到各级政府部门的青睐。诸多实践案例已经充分证明政务新媒体在推进政务公开、畅通政民互动渠道、创新政务服务模式等方面的重要价值。在政府部门、媒体平台等各方积极推动下，政务新媒体将步入高速发展快车道。

新媒体是新形式的媒体，是相对于传统媒体而言的。随着媒体技术不断发展，新媒体的概念与内涵也变得越发丰富。对于何谓新媒体，学术界并没有达成一致。联合国教科文组织给出的新媒体定义为：新媒体是一种基于数字技术，以网络为载体进行信息传播的新型媒介形式。

而政务新媒体是新媒体在政务领域的具体应用，《意见》中给出的政务新媒体定义为：政务新媒体是指各级行政机关、承担行政职能的事业单位及其内设机构在微博、微信等第三方平台上开设的政务账号或应用，以及自行开发建设的移动客户端等。在发展初期，政务新媒体以“两微一端”（微博、微信、新闻客户端）为主。近两年，抖音等新媒体的涌现，使政务新媒体形式越发多元化。

与普通新媒体相比，政务新媒体不但有媒体属性，还具有政务属性，是电子政务落地应用的优良实践平台。政务新媒体为广大民众提供了近距离接触各级政府部门的机会，以及方便快捷地获取优质政务服务的通道，因此，它也得到了民众的广泛认可与支持。

在政务新媒体的支持下，政务信息可以实现双向流动，政务服务更为便捷化、个性化、智慧化，有效缩短了政府和民众的距离。未来，政府部门需要进一步加大对微博、微信、抖音、政府网站、移动客户端等媒体资源的整合力度，充分发挥新媒体宣传的“集群”效应，利用“互联网+政务”模式点亮指尖上的政务服务。

我国政务新媒体的发展现状

经过多年的发展，政务新媒体发展开始迈向新的台阶，运营精细化、特色化，服务精准化、个性化成为其主流趋势。政务微博、政务微信、政

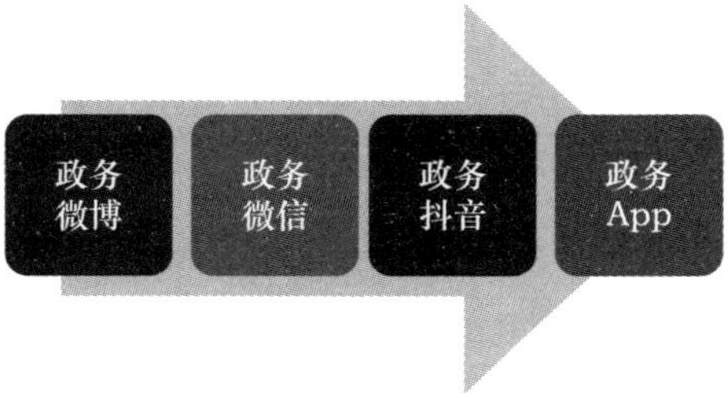

图1–1　政务新媒体的主要平台类型

务抖音、政务App是国内政务新媒体的四大主流媒介形式，通过对其发展现状进行分析，我们可以对我国政务新媒体的发展现状有一个整体性认识。

◆ **政务微博**

在四大主流政务新媒体媒介形式中，政务微博出现时间最早，各级政府部门在这方面拥有较为丰富的经验，目前已经成为政府部门了解舆情、政民互动的有效途径。微博运营低门槛、信息传递实时等优势，使其在政府部门舆情引导、突发事件应急处理等方面具有明显领先优势。因此，大部分政府部门将微博运营作为开展政务新媒体工作的重要工具，通过微博公布政策政务、与群众沟通交流、展示工作进度和阶段效果等并日趋常态化。

◆ **政务微信**

微信公众平台于2012年8月23日正式上线发展至今，已经成为个体、企业、社会机构等传播并获取信息的重要渠道。海量的受众群体（微信全球用户超过10亿）、功能丰富、可拓展性强、沟通方式多元化等，是微信在政务新闻传播方面的优势。

矩阵化是政府微信公众账号的主流趋势。利用微信公众号，政府部门可以向民众推送时政新闻、采集民意、提供信息查询等政务服务，政务微信已经成为政府部门增强政民互信的有效工具。

◆ **政务抖音**

随着抖音短视频平台的崛起，大量用户尤其是年轻用户涌入，政务新媒体有了“新阵地”。从2018年初开始，大量主流媒体、政务机构入驻抖音平台，试图探索出一条利用短视频传播政务、构建形象、连接用户的新路径。

根据清博大数据统计，2019年2月28日至2019年3月6日，政务抖音号榜单排名前十的账号共发布作品240条，视频总播放量超过15.27亿次，点赞总数超过6561万个，评论总数超过258万条，分享总数超过119万条。

其中，“浙有正能量”发布短视频34条，总播放量超过4.7亿次，总点赞数超过2448万个，总评论数超过84万条，总分享数超过11万条，DCI值1398.36，在所有政务抖音号中排名第一。紧随其后的是“太原铁路公安在线”和“深圳南山交警”，它们的DCI值分别是1309.21和1299.85。

◆ 政务App

与上述三种政务新媒体媒介形式相比，政务App由政府主导，专业性、针对性更强，可以根据政府部门的需求定制开发，而且能够实时搜集用户反馈信息，以对政务App功能进行优化完善，有助于为用户提供更为优质的政务服务。

大数据、人工智能等技术的快速发展，智能手机、iPad等移动终端实现全面推广，为政务App的开发和推广提供了优良条件。政府部门可以结合自身的职能来定制开发政务App，比如：高速公路管理部门可以开发具有路况查询、路况信息发布等功能的政务App；社保部门可以开发社保与公积金查询、缴费等功能的政务App。

我国政务新媒体的演变路径

2011年，多个政府部门和公共机构开通微博，标志着政务媒体进入全新的阶段。国家行政学院电子政务研究中心发布的《2011年中国政务微博客评估报告》中指出，截至2011年年底，我国政务微博总数达到50561个，较2011年初增长776.58%。

虽然彼时政务微博上线时间较短，但其在政务信息公开、舆情分析等方面的价值已经得到充分体现，比如外交部开通的政务微博号“外交小灵通”上线不足一个月，便获得了超过18万粉丝的关注。

2012年8月，微信公众平台正式上线。8月30日，广州市白云区政府应急管理办公室入驻微信公众平台，开通政务微信账号“广州应急白云”，标志着政务微信开始走上舞台。

2013年10月，国务院办公厅发布《关于进一步加强政府信息公开回应社会关切提升政府公信力的意见》。该文件中强调：“着力建设基于新媒体的政务信息发布和与公众互动交流新渠道。各地区各部门应积极探索利用政务微博、微信等新媒体，及时发布各类权威政务信息，尤其是涉及公众重大关切的公共事件和政策法规方面的信息，并充分利用新媒体的互动功能，以及时、便捷的方式与公众进行互动交流。”

2014年，政务客户端迎来快速增长期，2014年也被称为“政务客户端元年”，从而形成了“两微一端”的政务新媒体格局。

2018年，大量政府部门入驻抖音，开通政务抖音账号。8月31日，抖音举办“政务媒体抖音号大会”，抖音发言人指出，截至2018年8月15日，抖音短视频平台政务媒体账号超过2800个，发布视频近10万条，播放总量超过500亿。

第43次《中国互联网络发展状况统计报告》公布的数据显示，截至2018年12月，我国在线政务服务用户规模达3.94亿，占整体网民的47.5%。可以说，政务新媒体已经实现大范围推广普及。同时，微博、微信、抖音三大媒体平台也给出了政务新媒体相关数据。

（1）在政务微博数据方面，截至2018年底，经过认证的政务微博账号为17.6万个，阅读量达3800亿人次，较2017年增加750亿人次。

（2）在政务微信数据方面，2018年政务及媒体类公众号粉丝总量为35亿，相当于平均每个微信用户关注2.3个政务号和1个媒体号。

（3）在政务抖音数据方面，截至2018年底，经过抖音认证的政务号为5724个。

政务新媒体能够实现快速发展的因素是多方面的，但以下两个因素扮演的角色尤为关键：

★ 政务新媒体充分迎合移动互联网时代信息传播与消费移动化、碎片化的趋势。智能手机的推广普及，以及日渐加快的生活节奏，使人们更倾向通过移动终端在等公交、乘地铁等场景中消费并传播内容，而政务新媒体以微博、微信、抖音、政务App应用为载体，信息可以实现双向、实时传播，更加符合人们的媒体使用习惯。

★ 政务新媒体是“互联网+政务”的主流应用场景之一，得到政府的大力支持。在媒体融合发展的新时期，我国政府将“互联网+政务”视作政府职能向服务型转变的有效手段，而政务新媒体是“互联网+政务服务”的典型应用，在提高政府服务质量、打造智慧型政府方面已经初步取得良好的实践效果。

我国政务新媒体的发展趋势

◆ 账号整合：政务新媒体的矩阵化运营

随着我国政治经济体制改革的不断深化，政务新媒体合并调整案例大量涌现，比如2019年1月，公安部专项行动办公室开设的微博“公安部打四黑除四害”更名为“中国警方在线”等。

账号更名并非是简单地更改注册信息，更需要运营人员调整政务新媒体运营策略，对运营工作进行统筹和有效规范。而且政府部门在运营政务新媒体时，通常采用多级账号的形式，一个账号改变，其他账号也应该做出一定调整。

用户注意力被过度分散背景下，政务新媒体运营想要取得良好效果，运营精细化、集约化是必然选择。因此，政府部门对政务新媒体账号进行整合，开展矩阵化运营，进一步提高政务新媒体影响力将成为政务新媒体发展的一大主流趋势。

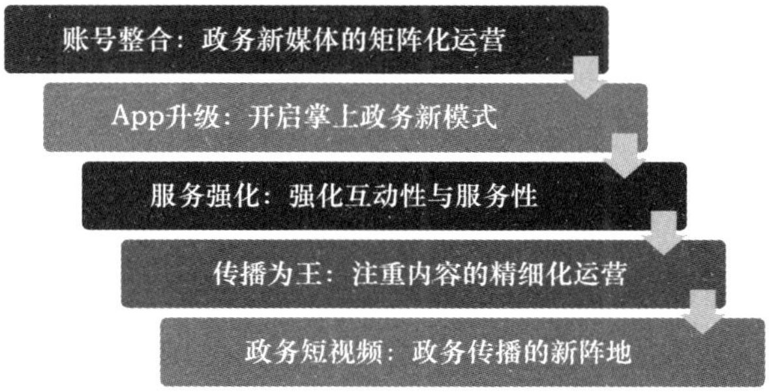

图1-2　我国政务新媒体的发展趋势

◆ App升级：开启掌上政务新模式

此前，部分政府部门的政务App建设沦为形象工程，认为独立运营专属政务App显得更为专业化，更具吸引力，但事实真的如此吗？答案当然是否定的。独立运营专属政务App需要长期耗费较高的人力、物力，而且如果运营人员缺乏足够的运营技巧，将很难确保App的用户活跃度。

用户在使用政务App过程中遇到了多种问题，比如：App功能不完善，实用性较低；使用流程烦琐、复杂；交互体验差；等等。这表明，政务App的现有服务与用户需求存在较大差异，想要真正满足用户需求，必须对政务App进行优化完善。

国务院办公厅在《关于推进政务新媒体健康有序发展的意见》中明确指出：“突出民生事项，优化掌上服务。强化政务新媒体办事服务功能，围绕利企便民，聚合办事入口，优化用户体验，推动更多事项‘掌上办’。要立足工作职责，重点推动与群众日常生产生活密切相关的民生事项向政务新媒体延伸。”未来，将会有越来越多的政府部门对政务App不断升级，丰富其功能，增强其交互性、体验感。

◆ 服务强化：强化互动性与服务性

对我国政务新媒体运营现状进行分析不难发现，运营人员在实践过程中将更多的时间和精力放在提高政务新媒体的传播力和影响力方面，而对加强与用户互动、为用户提供优质服务缺乏足够重视。因此，政务新媒体运营人员需要进一步增强服务意识，引导用户积极反馈，倾听用户声音，实现政务新媒体政务发布、政民互动、掌上政务服务等多重并举，增进民生福祉。

◆ 传播为王：注重内容的精细化运营

政务新媒体作为一种媒体形态，确保其长期为目标用户输出高质量内容，使其内容实现大范围传播推广，提高其传播力和影响力，是全媒体时代和媒体融合新形势下做好政务新媒体运营的重要手段。而想要长期为目标用户输出高质量内容，最为基本的是了解用户所需，对用户的阅读习惯、兴趣爱好、受教育程度等多重因素进行综合考量，制订个性化的运营方案。此外，为解决用户审美疲劳，与个体创作低迷期问题，实施团队化运营也是很有必要的。

◆ **政务短视频：政务传播的新阵地**

近两年，短视频产业迎来爆发式增长，政务短视频内容也随之大量增加。短视频内容感染力较强，传播范围广，不过生命周期较短，而且还存在内容同质化、过度娱乐化等问题。

政务短视频增长势头迅猛，因为民众更愿意接受相对更为真实客观、更具感染力的政务视频信息。但运营人员在创作政务短视频过程中，需要精准结合账号定位，确保传播正能量。

【案例】我国政务新媒体平台的运营实践

经过几年的积累与沉淀，一批迎合时代潮流趋势，以服务民生为导向，持续巩固权威性与公信力，注重人性温度的政务新媒体脱颖而出。下面对这些有影响力、高质量的政务新媒体运营实践案例进行深入分析，挖掘其背后的成功经验和运营技巧，以飨读者。

◆ **中国长安网**

中国长安网于2018年3月邀请秦明、刘萌妍两位法医界意见领袖进行网络直播，用更接地气的生活化语言向网民普及专业知识，得到了大量网民的支持，直播视频累计播放量达140万人次以上。

秦明是安徽省公安厅物证鉴定管理处法医病理损伤检验科科长、副主任，也是泛科技兴趣社区果壳网医药领域达人，结合其多年工作经验创作了长篇小说《法医秦明》（该小说已被改编为电视剧），曾被评选为“CCTV2016年度法治人物”和“年度最具网络影响力的法治人物”。

刘萌妍曾参加过北京卫视原创新锐语言竞技真人秀节目《我是演说家》，其演讲《魂安》感动无数民众，被网友称为“最美女法医”。这两位法医界意见领袖有着丰富的专业知识积累，自带流量，中国长安网邀请他们做客长安直播，“现场”向网友科普法医这一职业以及专业知识，为自身带来了海量曝光率。

◆ **中国警方在线**

2018年5月，“中国警方在线”发布的一段警察现场执法视频实现全网传播，在该视频中，民警用堪称教科书般的执法操作成功地控制了违法者，赢得大量网民的支持。

在该视频刚上线时，部分网民提出视频中的民警是否属于文明执法的质疑。针对这种情况，中国警方在线快速发布对该视频中民警执法过程进行详细解读的“九宫格”图文，并分享各地警察执法的典型视频向网民普及专业知识，在消除质疑的同时，也增强了民众的法治意识。

◆ **湖南检察**

2018年7月5日，由曾经轰动一时的“陆勇案”真实事件改编的电影《我不是药神》上映后引发社会各界的广泛热议，尤其是关于陆勇案的讨论更是成为舆论热点。

7月6日，湖南检察院主动回应网民关注热点，通过“湖南检察”微博和微信公开“对陆勇不起诉决定书”“关于对陆勇妨害信用卡管理和销售假药案决定不起诉的释法说理书”，向网民还原案件的真实情况，收获了网民的大量点赞，当事人陆勇也通过其微博账号对“湖南检察”该博文进行了转发。

7月9日，中国长安网对亲历该案件的检察官白峰进行采访，并通过中共中央政法委员会微信公众号“长安剑”（2018年11月20日更名为“中央政法委长安剑”）发表文章《放走“药神”的检察官：“三年前，不起诉陆勇的决定是我做的！”》，从检察官的视角对案件进行了解读，让公众认识到法律权威性的同时，更传递了司法温度。

◆ **下城警事**

2018年7月，杭州市公安局下城区分局官方微信“下城警事”与官方微博“平安下城”发布原创反电信诈骗短片《民警吕不》(分上下两集)，以诙谐幽默的方式向公众普及反电信诈骗知识。新华社和人民日报官方微信也对该视频进行转发。这种接地气的玩法，得到了大量网民的支持。统计数据显示，《民警吕不》两集短片累计播放量超过180万人次。

◆ **浏阳公安**

2018年8月30日，湖南省浏阳市公安局官方微博“浏阳公安”发布短视频《女生打车防范要点》，向女生普及乘坐网约车安全知识。在该视频中，民警朱艳平一人饰多角为热播剧《延禧攻略》重新配音，分享了女生乘坐网约车时的“上车前先拍照”“记下车牌号”“不坐前排不露财”“别看手机多看导航”等实用技巧。“芷江交警”“湖南公安”“平安石景山”“中国警察网”等政务新媒体也对该视频进行转发，为其实现大范围传播推广奠定了良好基础。

◆ **平安南粤**

2018年9月，广东遭受超强台风“山竹”袭击，给当地民众的日常生活造成较大负面影响。为缓解民众恐慌情绪，提高民众抗灾信心，广东省公安厅官方微博“平安南粤”以文字、照片、视频等形式分享了公安民警在风雨中抗灾救援的感人画面。盐田港派出所副所长郭锦辉蹚水救助受困民众、交警陈展廷在街头执勤被台风吹到七八米外才停下等，打动了大量网民。“人民日报”“广州交警”“中国警方在线”等多个政务新媒体积极对相关内容进行转发，多方携手共助受灾民众渡过难关。

我国政务新媒体传播面临的主要问题

政务新媒体面临的传播困境

在国家政策的推动下，政务新媒体迎来快速发展期，逐渐成为政府部门发布政务信息、开展政民互动、提供政务服务的得力助手。然而与传统媒体相比，新媒体相对较新，特别是抖音这类全新的媒体形态，更是给政务新媒体运营带来一定的挑战。具体而言，政务新媒体在运营过程中遇到的困境可以总结为以下几点：

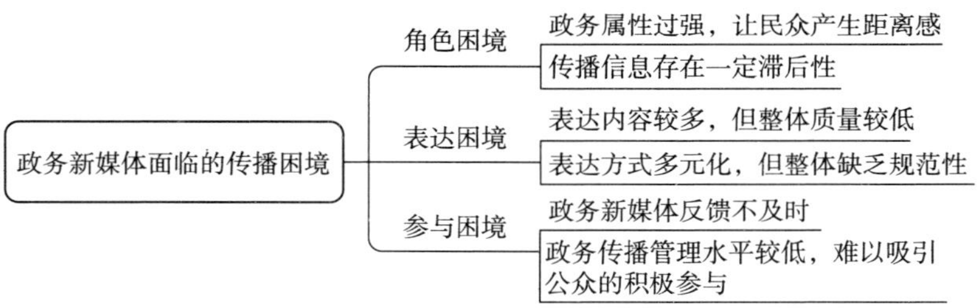

图1–3　政务新媒体面临的传播困境

◆ 角色困境

政务新媒体兼具媒体属性和政务属性，二者的摩擦、碰撞，使政务新媒体运营人员难以明确自身定位，导致运营缺乏重点等问题。

（1）政务属性过强，让民众产生距离感。从传播效果上，政务新媒体是政府部门迎合媒介形态与传播趋势变化而布局的媒体渠道，是政务部门在线上体现其职能、影响力的工具，具有唯一性、权威性。这种情况下，运营人员很自然地从部门职能角度开展政务新媒体运营工作，从而使政务新媒体政务属性过强，让民众产生距离感。

（2）传播信息存在一定滞后性。从传播方式上，政府机构权力等级的存在，再加上不同部门、层级间的信息系统未能实现无缝对接，影响信息传递效率。与之形成明显对比的是，网民可以从多种渠道实时获取各种信息。所以，政务新媒体反而成为信息的劣势方。比如很多突发事件信息是由事件现场的民众通过分享其拍摄的现场视频而被大众所知。

受这两种属性碰撞的影响，部分政务新媒体表现出姿态“高冷”、自说自话，慢回应甚至无回应的问题。

◆ 表达困境

政务新媒体应该主动迎合新媒体表达的特性与趋势，以用户体验为导向，客观、真实、全面地进行表达。然而，运营实践中，鲜有政务新媒体能够做到这一点。具体而言，政务新媒体在表达方面的问题表现为以下两点：

（1）表达内容较多，但整体质量较低。随着各级政府部门对政务新媒体越发重视，运营团队在政务新媒体中投入的时间和精力也明显提高。所以，政务新媒体发布的内容规模快速增长，更新时效性也明显提升，“僵尸账号”现象明显减少。但内容质量却并没有随着内容规模增长而同步提升，很多政务新媒体发布的内容观点模糊、同质化严重，导致用户体验不佳，难以积累忠实用户。

（2）表达方式多元化，但整体缺乏规范性。接地气是政务新媒体的重要属性，然而，很多政务新媒体过度娱乐化，滥用卖萌体、咆哮体等表达方式，弱化了政府部门的公信力和权威性。

◆ **参与困境**

新媒体运营应该能够实现即时响应，并和用户密切交流互动。但政务新媒体运营人员获取信息的滞后性、对用户互动缺乏足够重视等，使政务新媒体面临用户参与积极性较低、政务传播效果不佳等问题。

（1）政务新媒体反馈不及时。仅重视信息发布，而不及时回复用户关注的焦点问题。政务新媒体面向大范围用户，想要回答所有用户提出的问题是一件非常困难的事情，但对于那些用户关注的焦点问题，运营人员是很有必要做出及时回应的。然而，真实的情况是，很多政务新媒体回应明显缺乏积极性，很多情况下是被舆论压力影响而被动回应。

（2）政务传播管理水平较低，难以吸引公众的积极参与。目前，我国并未对政务新媒体的舆论空间进行直接管理，舆论空间的氛围和环境更多的是依靠参与者自觉。然而，在信息不对称、参与者受教育水平参差不齐等因素影响下，政务新媒体的舆论空间很难保持良好氛围，甚至评论区会出现很多不实言论，同时，持不同观点的网民相互谩骂攻击，影响民众的参与热情。

信息资源整合能力相对较弱

政务新媒体的体量已经达到了较高的规模，不同层级政府部门打造的“政务大V”越来越多，阅读、评论、点赞等关键指标表现突出的爆款政务新媒体文章层出不穷，政务新媒体业态呈蓬勃发展之势。但不容忽视的是，政务新媒体快速发展的背后也存在着一定的问题。

具体而言，政务新媒体是政府倾听民声、与公民进行互动的重要工具，可以推动政务信息的传播推广，提高政府部门与公众的相互了解程度，但有时也会扩大双方的意见分歧。这意味着，政务新媒体既可以引导舆论，也可能造成舆论危机。

政务新媒体运营常态化，在帮助政务部门更好地开展工作的同时，也进一步提高了公众对政府部门公开信息的要求。这种背景下，很多政务新媒体因为对内容资源整合力度不足，不能及时满足用户的知情需求，而遭遇运营困境。这在以下两个方面表现尤为突出：

（1）政务新媒体建设缺乏长期规划。在运营过程中，盲目复制、转载网络内容，没有形成有特定风格的系列栏目，内容空洞、更新混乱，用户即便投入较高的时间成本也不能找到有价值的内容。

（2）信息查询、线上认证等政务服务功能缺失。在政务新媒体开始成为政府部门标准配置的情况下，用户对政务新媒体的新鲜感已经丧失，仅用内容来吸引用户变得不再适用。为用户提供信息查询、线上认证等方便快捷的政务服务，成为政务新媒体的主流发展趋势，但目前大部分政务新媒体的政务服务功能相对不足。

造成这种情况的因素是多方面的，其中一个关键因素是综合信息资源库缺失。综合信息资源库由人口信息库、环境信息库等多种子信息库构成，可以提供户籍、住址、就业、天气、路况、消费、金融等多维度信息。而想要推动综合信息资源库建设，各级政府部门需要积极进行协同合作，进一步扩大数据开放范围，加快数据标准落地应用。同时，应积极与掌握丰富数据资源的互联网企业合作，为政务新媒体开发并完善政务服务功能奠定优良基础。

舆情引导缺乏针对性和有效性

微博、微信、抖音等新媒体平台拥有亿级用户，在全国范围内拥有强大的影响力，网络舆论事件经过这些媒体平台的传播后，如果政府部门不能及时发声，正确引导网络舆论，很容易造成较大负面影响，威胁社会和谐稳定。

“两个舆论场”概念由新华社前总编辑在新华社内部工作会议上提出，如今已经成为创新当今时代的舆论管理的重要理论。“两个舆论场”指的是官方舆论场和民间舆论场，前者包括党报、国家通讯社、国家电视台、政务新媒体等，后者则主要指论坛、微博、微信等网络新媒体。当两个舆论场有较大的重合部分时，表明二者对舆论话题的情感态度、价值取向等存在一定程度的一致性，政务部门引导舆论的效果较为突出，反之，政府部门舆论引导效果较差。

目前，我国公共舆论较为复杂，给政务部门舆论管理带来较大的负面影响。比如：利益驱动下，“网络水军”无视伦理道德、法律法规，在各种网络媒体中发布虚假信息，使公众难以获取事实真相；部分网民在网上传播带有明显个人感情色彩的信息甚至编造虚假信息来吸引外界关注，将网络媒体视作宣泄自身情绪的渠道，从而破坏了网络舆论生态；部分新媒体“大V”责任意识不强，发布影响国家利益和荣誉的言论，影响网民判断等。

对多个网络危机事件进行总结分析，可以发现，很多政务新媒体在出现网络危机事件时未能及时引导网络舆论，主要因素是政务新媒体对公众知情权缺乏重视和尊重，或对网络舆情认识不足，未能在最短时间内公布权威信息，让公众了解事实真相。而公众在得不到官方发布的权威信息时，就会在论坛、贴吧、微信、微博等公共媒体中集中讨论，导致猜测、臆断、虚假言论等在网络中快速传播，最终使一件很小的事情演变为舆论危机事件。

政务新媒体面临的运营困境

政务新媒体的崛起，为政府部门高效率、低成本地开展便民化的政务工作提供了诸多便利。然而复杂的新媒体语境，使政务新媒体运营面临诸多问题与困境。

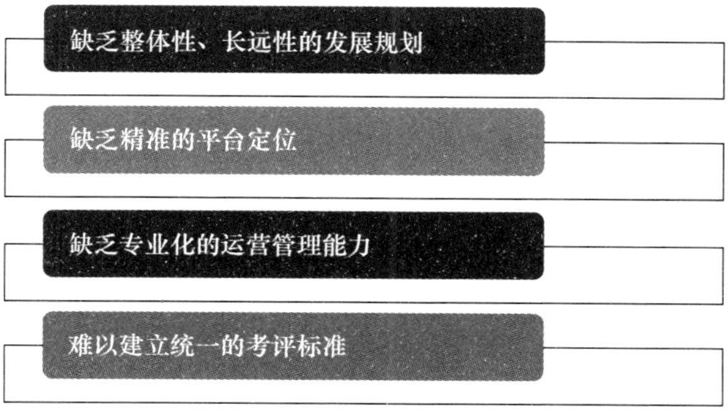

图1–4　政务新媒体面临的运营困境

◆ 缺乏整体性、长远性的发展规划

纵观政务新媒体发展历程，每一次政务新媒体的变革都与媒体技术创新存在直接关联。很多政府部门为追求传播效果最大化，而同时在网站、微博、微信、抖音、App等媒介中开展运营。然而，不同媒介的特性存在明显差异，适合的传播策略也有所不同。

（1）网站可以呈现全面、丰富的信息和功能，应该是政府进行政务公开、加强政民互动、提供信息查询等政务服务的“总平台”。

（2）App的优势在于核心功能突出，操作便捷，由政府部门自主运营，可控性较强。

（3）微博开放性较强，社交关系相对较弱，在推动政务发布、政民互动及舆情引导方面有颇为良好的实践效果。

（4）微信私密性较强，社交关系相对较强，可以实现面向特定群体的精准传播，而且微信公众平台的小程序功能，使政务微信在拓展线上政务服务方面有了更为广阔的空间。

然而，从政务新媒体整体运行状况来看，政府部门在不同媒介中运营政务新媒体时，往往仅关注政务信息传播，而没有充分发挥不同媒介的独特优势，没有起到跨媒体运营的协同联动作用，在开展整体性、长期性的统筹规划方面还有较大的提升空间。

◆ **缺乏精准的平台定位**

政务新媒体运营人员应该结合不同媒介的性质、特征等，进行差异化定位。比如，微博较强的开放性，使其可以成为政府部门遇到突发事件时，向公众公布事件真相、展示工作进度、进行网络舆论引导的首选渠道；微信公众平台为使用者提供丰富的功能及扩展接口，尤其适合政府部门为公众提供便民化的政务服务。

微信用户对生活常识、经典语录、成功励志、轻松娱乐类内容尤为青睐，而部分政务微信运营人员为了迎合用户需求，使内容过度娱乐化，而损害了政府部门的权威性、公信力，还有部分政务微信运营人员则忽略了用户需求，一味地进行政务信息传播，导致内容点击量不佳，逐渐沦为

“僵尸账号”。

很多政务微博的定位问题也较为突出。最为明显的一个情况就是，运营人员仍按照传统媒体时代的运营模式，缺乏用户思维，不积极与用户互动交流，给用户留下了严肃、刻板、高冷的印象，从而得不到用户的认可与支持。

◆ 缺乏专业化的运营管理能力

目前，绝大部分政府部门已经认识到政务新媒体运营的重要性，但在运营实践中，因为运营经验和技巧不足，导致政务新媒体运营工作陷入困境。比如内容缺失，具体表现为不了解不同媒体适合什么内容；无法做好文案创作与标题拟定；不了解内容应该以何种形式呈现等。

除内容力不足外，传播力也存在较大的提升空间，具体表现为：无法制定有效的传播渠道组合策略；不能在娱乐性和权威性之间找到平衡；不能借助各类工具及时了解传播效果，从而调整传播方案等。

◆ 难以建立统一的考评标准

目前，政务新媒体运营并没有统一的考核标准，从而难以对运营人员形成有效的监督和激励。近几年，大数据技术的发展，为政务新媒体考评带来了诸多便利。人民网舆情数据中心、新华网网络舆情监测分析中心等专业机构发布的政务新媒体考评标准，主要是从传播力（主要指发博量）、服务力（主要指运营人员回复量）、互动力（主要包括转发量、评论量和点赞量）进行考评。

因为职能差异，用一套标准来对所有政务新媒体进行考评是不科学的，比如，公安部门、气象部门的工作与人们的日常生活密切相关，这类政务新媒体发布的内容更容易获得网民的关注。而对于水利部门、地震管理部门等与人们日常生活关联度较低的部门，发布的内容对用户缺乏吸引力。

目前，部分地方政府已经将政务新媒体运营纳入相关部门的考核范围，但实践效果并不理想。整体来看，对于政务新媒体考评，不同部门、层级应该建立差异化的考评体系，同时引入主观和客观考评指标，及时、精准地呈现运营人员的工作价值，在帮助运营人员学习进步的同时，推动政务新媒体业态的持续发展。

【案例】江宁公安在线：引爆微博“正能量”

微博、微信等新媒体为公安机关提供了警民高效、低成本互动交流的优良渠道，有助于推动公安业务数字化、智慧化，打造线上线下一体化民生服务窗口。作为公安政务新媒体典型代表，政务微博“江宁公安在线”的案例尤其值得我们借鉴。

为响应公安部和省厅、市局建设规划，南京市公安局江宁分局以建设平安江宁、和谐江宁为目标，于2011年2月开通官方微博“江宁公安在线”。经过多年的运营管理，“江宁公安在线”已经积累了上百万粉丝，在全南京市区县级公安局微博粉丝量排行榜中位居榜首。截至2019年5月17日，该微博粉丝量达216万人，累计发布微博3万余条。

“江宁公安在线”作为一个区县级公安政务微博，自上线之初就围绕当地民众个性需求进行运营管理，可以满足公众对交通、治安、公安宣传、公安协查等方面的信息需求。“江宁公安在线”已经成为江宁公安局和当地民众沟通的一个重要渠道，也是江宁公安局推进“网络问政”及“网管进社区”的重要切入点。

图1-5 “江宁公安在线”政务微博

警务公开是“江宁公安在线”的一项重要工作，对于那些民众关注的热点案件，“江宁公安在线”第一时间公布权威性、真实性信息，并积极在评论区与用户互动，为后者答疑解惑。在设计内容时，“江宁公安在线”充分结合潮流趋势，用接地气的语言吸引网民的大量关注。尤其是“家庭防盗的五大误区”“那些你不知道的警察故事”“盗墓迷城：上峰盗墓大案侦破实录”等热门博文更是吸引数万网民的主动传播。

凭借专业性、全面性、系统性，“辽宁公安在线”分享的博文“那些你不知道的警察故事番外篇——警犬传说”上线后立即引发广泛的话题讨论，该内容由“江宁公安在线”和“大连刑侦警犬管理大队”合作完成，得到网民的积极反馈后，双方深度合作，将该内容做成系列作品，即“警犬传说”三部曲。

“江宁公安在线”还与成都市公安局武侯区分局“平安武侯”进行合作，联合创作女子防身漫画作品“降狼十巴掌”，其中，“江宁公安在线”

提供内容素材，“平安武侯”将其转化为漫画形式，该作品同样实现了大范围传播推广。对“江宁公安在线”案例进行总结分析，可以找到其成功运营的几种实用技巧：

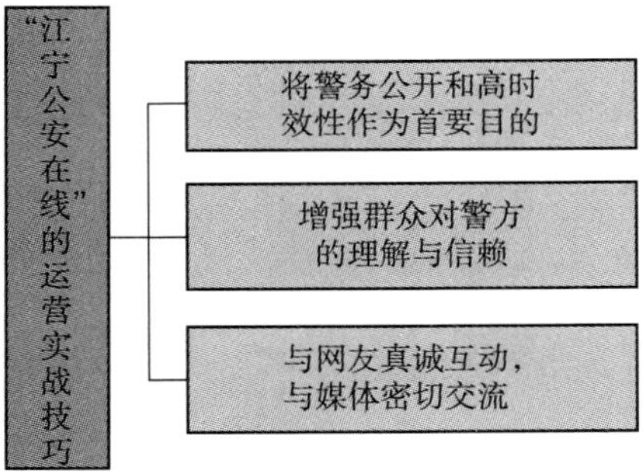

图1–6 “江宁公安在线”的运营实战技巧

◆ **将警务公开和高时效性作为首要目的**

微博作为一个典型的新媒体平台，在信息传播效率、受众规模、交互性等方面具有明显优势。“江宁公安在线”自上线之初，就围绕着民众关注的热点、难点及焦点问题，重点对警务信息进行公开发布，体现政务新媒体的专业性、权威性、公信力。当地报纸、电视、广播等传统媒体多次对“江宁公安在线”微博内容进行转载就很好地说明了这一点。

◆ **增强群众对警方的理解与信赖**

数字化时代，江宁公安分局充分借助微博等新媒体维护警民关系，使双方建立良好的信任关系。利用微博及时发布各种警务信息，使公众对公安业务与警察的日常工作有更为深入的了解，从而更为积极主动地配合警察工作，无疑是“江宁公安在线”能够取得成功的一项重要因素。

◆ **与网友真诚互动，与媒体密切交流**

“江宁公安在线”运营团队在日常工作中不断总结反思，将微博打造成一个与公众互动交流的重要渠道，在发布警务信息的同时，也鼓励公众积极提供反馈意见，从而更好地了解并满足公众需求。与此同时，“江宁公安在线”与其他媒体进行广泛合作，整合多种优质资源，实现优势互补，从而提高内容质量，扩大传播范围。

“江宁公安在线”政务微博为江宁公安分局开展网络问政工作带来了诸多便利。在长期探索实践中，江宁公安在线建立了一套完善的网络问政机制，通过线上线下一体化运营，高效开展网络问政工作，赢得了大量网民的认可与支持。

推动我国政务新媒体发展的对策建议

加强顶层设计，完善法律法规

◆ 加强顶层设计，制定长期规划

互联网信息公开和信息服务的天然契合性，决定了网络信息公开与政府公共服务、政务新媒体建设、电子政府等存在密切关联。为更好地推进我国政务新媒体建设，政府从顶层设计高度上对政务新媒体建设进行统筹规划是很有必要的。

英国于1994年开始电子政务建设，为加快这一进程，英国政府从顶层设计高度上进行全方位的规划与建设，比如：出台《政府现代化白皮书》《21世纪政府电子服务》《信息时代公共服务战略框架》等多份指导性文件，组建政府信息化领导小组和信息化办公室等领导机构，在全国范围内对电子政务建设工作进行统一、协调。

因此，我国也应该成立专门负责统筹政务新媒体建设的领导机构，并制定全国性的政务新媒体建设总体目标，实现指导思想、工作目标、基本原则等方面的统一协调，避免重复建设，集中资源，重点突破。

各级政府部门在政务新媒体建设过程中，要进行充分的市场调研，明确权力与责任，为开展政务新媒体工作提供制度和机制保障；建立健全网络安全体系，有效应对信息泄露等网络安全问题；对网络舆情进行实时监测与有效引导；加快完善信息审核发布机制，为内容运营提供科学指导，避免盲目跟风。

更为关键的是，政务新媒体运营要具特色化、个性化，结合自身的职能、目标受众需求，对自身进行精准定位，明确信息传播范围，设置富有特色的信息主题，推出更多的原创性内容，重视目标受众关注的热点话题，为其提供方便快捷的多元化政务服务。

◆ 完善法律法规，统一标准体系

加快建设并完善政务新媒体相关法律法规，是实现政务新媒体可持续发展的关键所在。

以韩国政府为例，韩国政府为推进电子政务建设，于2010年出台《电子政务法案》。该法案对行政信息共享、电子政务应用、电子政务运营、行政管理电子化、电子政务相关配套与奖惩机制等内容做出详细解释，为韩国电子政府建设奠定优良基础。在联合国经济和社会事务部（UNDESA）每两年发布一次的《联合国电子政务调查报告》中，韩国电子政务发展指数（EGDI）连续多年位居前列，其中，2010年、2012年、2014年位列榜首，2016年和2018年皆列第三位。

我国政府也需要对电子版权法、电子文件法、数据保护法、信息公开法、数字签名法等政务新媒体相关法律法规进行优化完善，为政务新媒体建设提供法治保障。

除加强法律法规建设外，统一标准体系也非常关键，比如：对信息系统标准进行统一，消除信息孤岛，减少重复建设造成的资源浪费；明确网站、微博、微信、App等媒体渠道信息发布机制；对政府部门、研究机构、互联网平台、用户等相关主体的权利和责任进行明确；加强敏感数据和隐私数据的安全防护等。

明确平台定位，强化服务理念

信息与通信技术的快速发展，推动了信息传播模式创新，多网多渠道传播渐成主流。网站、微博、微信、App等媒体平台具有差异化的平台特征和用户群体，想要做好其运营工作，政府部门需要充分抓住平台特征和用户需求，明确平台定位，善于利用各平台的传播规律，提高政务新媒体运行效率与质量，为民众提供丰富多元的政务服务。

◆ **明确角色定位，注重融合互补**

目前，虽然大部分政府部门已经开通了多种政务新媒体账号，然而在实际运营过程中因为定位模糊或缺失，表现出了保守谨慎、消极懈怠、急功近利等问题，不能及时回应公众质疑、与公众进行交流互动，难以充分发挥政务新媒体在政务公开、政民互动等方面的作用，甚至在公众心中留下了刻板保守、避重就轻的负面印象。

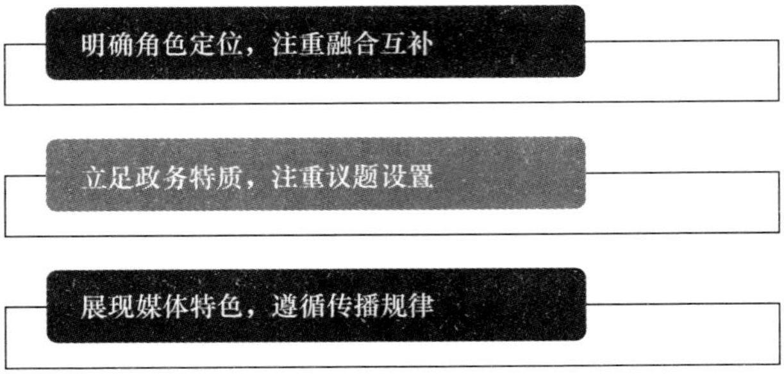

图1-7　明确政务新媒体的平台定位

所以，政务新媒体应该做好平台定位工作，将为公众服务放在首位，打破阻碍公众和政府部门互动交流的体制机制壁垒，建立开放、平等、和谐的沟通体系；坚持优势互补，结合各媒体平台的传播特性与规律，明确服务内容和对象；与主流媒体合作，实现政务新媒体矩阵式发展，将政务新媒体打造成为权威声音的“发布厅”、群众了解政府的“直播间”。

◆ 立足政务特质，注重议题设置

与普通媒体相比，政务新媒体具有鲜明的政务特色，因此，其议题设置，必须做好对方向的把控，将舆论导向融入运维整体流程之中，确保内容发布的规范、严谨，且做到“政务为先”。同时，关注社会各领域的焦点、热点、难点问题，从中选取议题，重视信息发布的准确性、完整性、时效性。

传播即时性是政务新媒体的一大典型特征。为充分利用好这一特性，政府部门应借助微博、微信等新媒体，第一时间为公众发布政府重要工作动态、突发事件权威信息，以及与民生相关的各种信息等，使公众更为深入、全面地认识政府工作，从而给予政府工作人员更多的支持与配合。此外，出现重大突发舆情事件时，政务新媒体应该及时公布关键信息，并对舆情进行引导。

◆ **展现媒体特色，遵循传播规律**

善用互联网思维，融入互联网传播环境。新媒体根植于互联网，后者已经成为堪比水和电一般的基础设施，因此，政务新媒体运营人员也应该充分利用互联网思维，遵循新媒体传播规律。新媒体传播规律包括用户思维、跨界思维、平台思维等多个方面，想要合理运用它们，需要运营人员向成功案例进行学习借鉴，并对自身的运营工作进行反思总结，注重优化用户体验，对内容进行合理规划，推动媒介融合。

可视化、全媒化、民生化传播，是提高政务新媒体传播效果的有力手段。可视化有利于提高内容感染力，在短时间内吸引用户关注；全媒化满足用户在不同场景中的泛在内容消费需要，有利于实现信息的全方位触达；民生化强调内容选择和传播要接地气，以大众乐于接受的形式传播与他们日常生活密切相关的内容。这种情况下，政务新媒体可以为用户提供更为优良的阅读体验，赢得民众的信任与支持，有效提高自身的传播力和影响力。

提升内容品质，激活公众参与

◆ **提升内容品质，丰富内容形式**

（1）确保内容质量。将新媒体传播规律与用户内容需求相结合，对内容的主题、结构、风格等进行精心设计，在确保信息真实、客观的同时，也要接地气，通俗易懂。考虑到政务新媒体的政务属性，其内容应该以政务内容为主，尤其是那些属于本部门职能范畴的政务信息及当地的重要民生信息。原创是提高内容质量的有效手段，不过原创性内容通常需要耗费较多的时间和精力，需要政务新媒体运营团队成员高效协同合作。

中国共产党第十九次全国代表大会期间，“国资小新”“中国气象局”“环保部发布”等政务新媒体账号结合自身的职能与受众特点，从不同的视角对“十九大”进行了专业报道，满足公众多元化的信息需求。

（2）丰富内容传播形式。分析目标用户的内容传播与消费习惯，在语言风格、传播方式、传播渠道等方面做出有效调整，为目标用户提供全面、客观、真实的政务信息，保持权威性的同时，又使内容通俗易懂，从而吸引民众的广泛关注和主动参与。

创新内容形式，将短视频、小游戏、手机轻应用等内容形式融入政务新媒体内容体系中，从而在短时间内将政务信息精准推送至各新媒体平台的目标用户。比如：政务微信账号“广东共青团”推出语音朗诵赠书活动，提交朗诵语音作品的用户有机会获得精美图书，这种极具参与感的传播活动，有效提高了账号用户活跃度；“最高人民检察院”微博邀请检察官录制短视频，普及专业知识、分享工作经验和感人故事等，赢得了大量网民的支持。

◆ 深耕细作，创新发展，提升互动力和服务力

增强互动性、完善服务功能是政务新媒体建立核心竞争力的关键所在。为此，政务新媒体运营团队需要深耕细作，积极创新，引导公众积极参与互动，并为其提供丰富多元的优质政务服务。

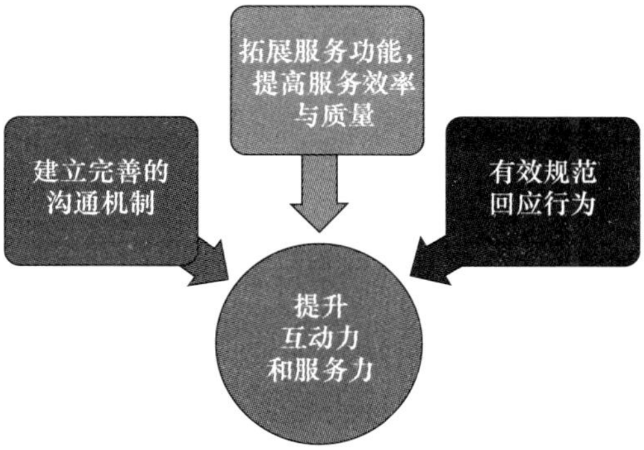

图1–8　提升互动力和服务力的方式

（1）建立完善的沟通机制。除常规性的消息推送、智能客服、语音留言外，运营团队还可以在议题设计等方面着手，利用微访谈、微话题、微直播等具有较高参与感的形式吸引用户广泛参与。线下活动在体验感方面更具优势，不过可能需要较高的人力物力成本。运营团队可以采取线上线下结合的方式，为公众提供多元化的沟通渠道，来为公众提供反馈信息。

2017年6月，茂县发生山体垮塌事件，造成多户农房被掩埋。这场突发的灾难，牵动着全国人民的心。在了解到事故相关情况后，包括“四川发布”“四川公安”“阿坝微博”在内的多个政务新媒体账号第一时间进行联合发布，向外界公布了事故现场实时信息、救援情况、受灾民众的安置工作等，使全国民众可以通过多种渠道获得信息并提供反馈。

（2）拓展服务功能，提高服务效率与质量。方便快捷的政务服务，可以促进政务新媒体的拉新、促活，提高用户体验，是政务新媒体脱颖而出的关键所在。因此，政府部门应该积极完善政务新媒体服务功能，通过新媒体积极开展电子政务工作，缩短移动端服务流程，拓展新服务功能，使更多的民众可以借助政务新媒体获得方便快捷的公共服务。

这要求政务新媒体运营团队加大对资源的整合力度，打造政务新媒体矩阵，实现政务微博、政务微信、政务App等政务新媒体的优势互补。同时，将线上服务和线下服务深度融合，使公众的多场景泛在政务服务需求得到充分满足。

（3）有效规范回应行为。将回应行为纳入政务新媒体运营规范，对回应时限、方式、频率等进行明确，特别是那些用户关注的热点民生话题，可以通过短视频的形式做出专业回应。明确权责归属，将回应工作落实到具体岗位，监督并激励运营人员及时为公众答疑解惑。此外，对于那些投诉举报类内容，运营人员要定期进行汇总、分类，并转交给相关部门进行处理，在规定时间内给投诉者明确答复，为建立有责任心、高效、善治的政府形象奠定良好基础。

2017年3月，政务微博账号“沈阳环保”收到投诉“锅炉冒黑烟污染环境”的举报，在对该举报情况进行确认后，下属账号“沈阳和平环保”向举报用户回复“一定及时反馈”，此时，距离该用户举报仅15分钟。随后相关人员前往涉事单位进行处理，并在“沈阳和平环保”微博中对执法过程与处理结果进行公布，整个过程用时仅2小时36分钟，收到大量网民的“点赞”。

搭建专业团队，实现精细运营

运营团队是政务新媒体的责任主体，其政治素养、服务意识、业务水平等对政务新媒体运营效果有着直接影响。搭建一支优势互补、高度认同、目标一致的运营团队，将会使政务新媒体建设工作取得事半功倍的良好效果。

人才之争是新媒体竞争主旋律，政务新媒体也是如此。政务新媒体承担着推动政务传播、促进政民互动的重要使命，做好其运营团队建设工作具有非常重要的现实意义。

以成都市人民政府新闻办公室官方微博“成都发布”为例，“成都发布”通过从市级媒体抽调中高层资深编辑管理人才，并组织团队成员参加线上与线下培训活动等方式，搭建了一支优秀的政务新媒体运营团队。

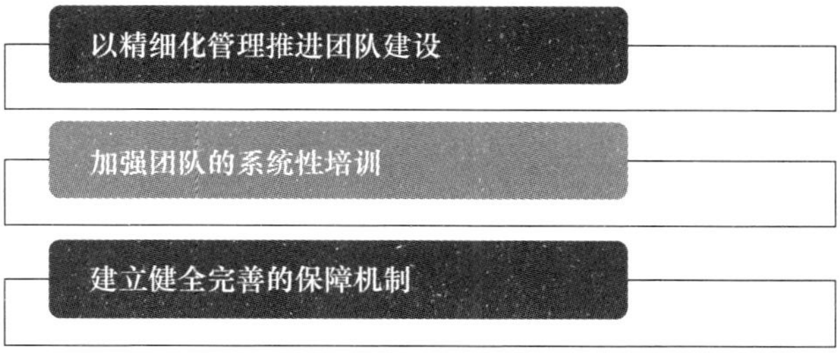

图1-9　构建专业的政务新媒体运营团队

◆ 以精细化管理推进团队建设

很多政务新媒体运营人员是由职能部门转型而来，同时，还有很多公务人员开设了个人政务新媒体账号，他们缺乏足够的新媒体运营技巧和经验，在运营过程中可能会遭遇多种问题。因此，政府部门需要从责任意识、服务意识、用户思维、内容创作、传播技巧等多种维度上，对政务新媒体工作人员进行专业培训，提高其业务能力和综合素质，实现政务新媒体的专业化运营。

政府部门可以从政务新媒体管理、创作、运维等维度上组建新媒体团队，明确各团队及岗位的权责，通过高效分工合作保障运营效果。

（1）在管理团队方面。管理团队成员来源以分管领导和相关负责人为主，负责对政务新媒体进行规划、建设与管理，并开展日常组织、协调、落地等工作。

（2）在创作团队方面。创作团队成员以资深编辑人员为主，负责对政务信息进行搜集、整合与发布，创作符合本部门职能特色和用户需求的各类内容。

（3）在运维团队方面。目前，大部分政务新媒体的运维是通过服务外包形式交由第三方团队，负责对政务新媒体平台进行维护、升级等。

◆ 加强团队的系统性培训

培训内容涵盖素材搜集、内容发布、沟通反馈等媒体类相关知识和技能，以及宣传主流社会价值观、就热点话题进行回应、对舆情进行监测与引导等。

这要求政府部门一方面要做好对政务新媒体工作人员的思想培训，注重提高其政治敏感性、责任意识、服务意识等，充分利用政务新媒体做好政务工作；另一方面，政府部门要做好对运营团队的专业技能培训，帮助其掌握新媒体传播规律，提高政务服务效率与质量，推动政务新媒体的可持续发展。

◆ 建立健全完善的保障机制

通过内部培养或外部引进等方式为政务新媒体运营储备人才；与专业第三方团队进行合作，在数据保护、新功能开发等方面得到后者的技术支持。除技术保障外，机制保障也非常关键，政府部门要对政务新媒体的应用进行规范，从政务信息发布、沟通互动、政务服务等多种环节入手，为相关工作人员的日常工作提供有效指导与帮助，实现政务新媒体的制度化、规范化运营。

国资小新：粉丝过亿背后的运营方法论

国资小新的定位策略与价值观

对政务新媒体经典案例“国资小新”进行深入研究分析，揭开“国资小新”成长背后的奥秘，有利于广大政务新媒体从业人员找到政务新媒体运营的经验与规律，充分发挥政务新媒体在推动政务公开、政民互动及政务服务创新等方面的重要作用。

“国资小新”是国务院国有资产监督管理委员会新闻中心的新媒体统一平台。2012年6月16日，“国资小新”微博正式开通；2013年7月25日，“国资小新”微信公众号正式上线。自微博开通七年来，“国资小新”创造了很多“第一”：第一个推出新媒体卡通形象的中央部委；第一个创建新媒体联动矩阵；第一个打造自己的网络文体“小新体”；第一个推出新媒体主题歌曲《小新之歌》；第一个在高校设立新媒体奖学金；发行中国第一套新媒体卡通题材的邮票；等。

截至2019年5月30日，“国资小新”下属平台达到100个，积聚了千万级的粉丝。微信公众号发布的很多文章被主流媒体、微信大号转载，转载后的文章阅读量达到数百个“10万+”。目前，国资委运营的央企新媒体矩阵包括50个微博账号、20多个客户端、74个微信账号、10个分答账号，粉丝总数过亿。

图1-10 “国资小新”政务微博与微信

为充分迎合传播矩阵化的新媒体发展趋势，“国资小新”在多个新媒体中展开广泛布局。上线时间最早的是“国资小新”微博，其功能侧重于“互动+发布”；“国资小新”微信的功能侧重于“社交+服务”；澎湃号、今日头条等客户端的功能侧重于“资讯整合+服务”。2018年，“国资小新”布局抖音、B站、梨视频、快手等多个短视频平台，借助感官冲击能力更强的短视频内容与用户进行深度交互，并开始尝试运营海外社交账号。2019年，“国资小新”入驻音频平台喜马拉雅以及知识分享社区知乎，逐渐打造出一个多层次、广覆盖的政务新媒体矩阵。

◆ **国资小新的四大定位**

国务院国有资产监督管理委员会（简称国资委）是国务院直属正部级特设机构，其职能包括：指导推进国有企业改革和重组；对国有资产保值增值进行监督，加强国有资产管理；推进国有企业的现代企业制度建设，完善公司治理结构；推动国有经济结构和布局的战略性调整等。结合自身的职能特性和新媒体发展规律，运营团队为“国资小新”确定了四种定位：一是公共利益代言人，二是国有企业网络发言人，三是微公益发起人，四是朋友圈知心人。

◆ **国资小新的价值观**

“国资小新”始终坚持“为用户创造价值，为受众提供信息，为粉丝解决问题”的价值观，持续强化自身的服务、传播及互动功能。向公众传播打动人心的国企故事，提高国有企业的企业文化、口碑及品牌建设等无形资产价值，是“国资小新”的重要使命。

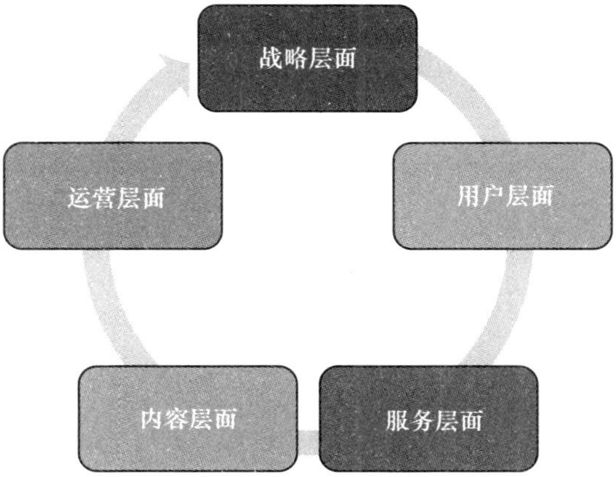

图1-11　国资小新的价值观体现

（1）在战略层面，“国资小新”把握正确舆论导向，充分结合政务新媒体运营知识和理论，坚守道德底线，促进正能量传播。

（2）在用户层面，“国资小新”既重视用户的安全、情感与归属等基本需求，又注重用户的尊重、自我实现等高层次需求。

（3）在服务层面，“国资小新”结合用户的实际需求，力争在第一时间响应用户需求。

（4）在内容层面，“国资小新”通过团队化运营保障优质内容的长期输出能力，积极打造爆款内容，并实现“千人千面”的内容供给。

（5）在运营层面，“国资小新”持续推进信息公开工作，为公众发布独家优质内容；积极传播正能量，用打动人心的“微故事”鼓励、引导个体和组织坚持奋斗；提供多元化的政务服务，以接地气的形式为公众创造价值；抵制谣言传播，及时客观回应公众质疑；做好舆论引导工作，帮助政府部门和民众建立良好的信任关系。

◆ 运营举措：不忘初心，走好群众路线

以用户为中心，走群众路线，是政务新媒体运营的重要原则。这要求政务新媒体充分做好社群化运营，服务定制供给，并善于借助大数据、人工智能等新一代信息技术。

（1）对目标受众进行分析，掌握用户的年龄、性别、兴趣、职业、内容消费习惯及偏好等。

（2）利用大数据对用户行为数据进行分析，洞察用户需求，实现内容和服务的精准供给。

（3）结合受众需求心理进行议题设计。比如，对用户搜索热点进行分析、搜集用户反馈意见后，“国资小新”和团中央联合发起“中国制造日”微博话题活动，吸引了海量用户的互动传播。

（4）使公众享受改革红利。“国资小新”对国企改革政策进行权威性、深度解读，并联合国有企业推出“央企大拜年”等线上、线下活动，使公众享受到改革带来的巨大红利。

（5）多种内容生产方式相结合，完善内容生态。“国资小新”通过设置互动话题，鼓励广大用户生产并传播UGC（用户生产）内容，使公众获得更多体验感、参与感；策划主题宣传活动，与网络大V、媒体机构、国有企业等进行合作，为受众提供央企日常等PGC（专业生产）内容；通过设置议题，整合文字、图片、音频、视频等传播资源，借助企业渠道进行发布，为公众提供BGC（企业生产）内容；将部分内容生产工作外包给第三方媒体或社会机构，为公众提供专业化的OGC（职业生产）内容。

对国资小新的运营策略进行分析，不难发现，运营政务新媒体尤其需要领导给予高度重视，并做好顶层设计工作。而对于运营团队而言，团队成员之间要积极协同合作，充分整合内部及外部的优质资源，求真务实，积极开拓创新。

随着媒体技术的不断发展，新媒体形态和渠道将越发多元化，但无论媒体发生怎样的变化，用户为王、内容与服务至上、运营精细化的基本规律始终不会变化。只有与用户建立长期、紧密的联系，融入用户的日常生活，政务新媒体才能从激烈的同质竞争中破局突围。

话语模式：独特的萌趣人格体

“国资小新”通过“说人话”和加强对话，建立心灵契约的方式，把握用户情感需求，从受众泪点、社会热点、情绪燃点、用户痛点、新闻爆点、舆论焦点等维度出发，创造了独特的萌趣人格体。

“国资小新”创造了一套独特的运营策略，以沟通与服务为主线，以工作重点、粉丝泪点、社会痛点为核心，用心策划、适度卖萌、勇于创新，通过转变话语模式与文体文风逐渐形成了独有的风格，在业内创造了“国资小新现象”。

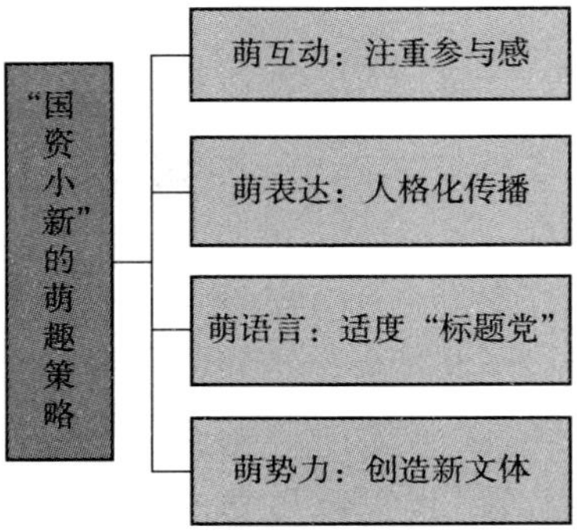

图1–12 “国资小新”的萌趣策略

◆ 萌互动：注重参与感

通过线上线下互动吸引粉丝参与，讲述国企故事，获取公众信任。“国资小新”在考察了网友的兴趣点和百姓生活之后，将前者与企业的工作重点相结合，将后者与国家重大工程相结合，策划了一系列的内容——“走进新国企”之“揭秘国企”“探秘国企”，创建了一个标准化的工作体系。

比如“一度电的旅程”邀请媒体记者、网络名人、粉丝代表一起参观电力企业，走进居民的日常生活，吸引了3亿多人次参与微博话题互动，改变了人们对电力企业的传统认知，增进了人们对电力企业的了解与喜爱。

◆ 萌表达：人格化传播

在表达方面，“国资小新”提出“十二有”策略：

（1）有模有样，即人格化：“小新”有卡通形象、表情包，还有“小新之歌”，甚至还有粉丝自发成立的“小新粉丝团”等。

（2）有声有色，即可视化：具体来说，就是“一图胜过千言”，通过图表、数据、视频等方式传播内容。

（3）有来有往，即互动：小新通过发起活动吸引社会大众参与，或通过专门的栏目收集社会大众的意见，倾听社会大众的心声。

（4）有软有硬：在“被PK”“被@”“被造谣”时，小新挺身而出，及时澄清谣言，化解舆情危机。同时，面对广大用户，小新表现得软萌可人，吸引了大量粉丝。

（5）有上有下：内容既高端文雅又接地气。

（6）有轻有重：内容有节奏感，重磅报道和轻阅读之间的比重适中。

◆ 萌语言：适度“标题党”

“国资小新”十分注重文章标题的磨炼，成为了一个优雅、有格调的“标题党”。小新的文章标题讲究角度与尺度，严守底线与红线，活用网络用语，趣味十足，同时又有实用的、有价值的内容，激发用户的阅读冲动。

比如，在2015年国庆节期间，“国资小新”将一些企业的内部照片整合在一起做了一个图片系列，命名为“祖国母亲越来越美了，看了这些照片你就懂得珍惜”。该标题发布之后，其他账号则分别以“儿女们的眼中，一位66岁的母亲这么美”“国庆杯朋友圈大赛，被这些照片刷屏了”等为标题发布了内容。

在国家人社部宣布取消50多项职业资格证书审批之后，“国资小新”

以“亲，这些证书再也不用考了”为标题发布了一篇文章，将事情的来龙去脉告知广大网友。在“高分四号”发射成功之后，小新以“太空看祖国！来找找你的家乡吧”为题与网友分享这则喜讯，吸引海量网友关注。

◆ **萌势力：创造新文体**

自互联网诞生后，社会上出现了很多网络流行语，有些是网友无意中产生的，比如“咆哮体”“任性体”；有些是随着影视剧的火爆产生的，比如“甄嬛体”“蓝精灵体”；有些是商业机构炒作产生的，比如“凡客体”“淘宝体”。国资小新与广大网友一起创造了国内第一个政务网络文体——“小新体”。

比如，2014年夏天，小新发布了一则微博——“清风起吟，荷香四邻”，呼吁网友“一起清新，一起创新”，无意间掀起了造句热潮，吸引了很多名人、微博“大V”争相模仿，“小新体”随之诞生，并迅速火爆，甚至出现了很多版本，比如“绿色版”“世界杯版”“4G版”等。

据统计，这场造句活动吸引了12个政务微博、30多位网络名人、50多家企业参与，最终生成了800多个版本的“小新体”，成功登上当期微博热搜榜。这场活动不仅增强了民众对小新的亲近感，还体现了小新的价值观，受到了海内外媒体的广泛关注，比如新加坡《联合早报》评论这场活动是“中国政府用萌势力攻略民心”，中国新闻网等国内媒体将这场活动称为“国资小新现象”，肯定了“小新体”的“江湖地位”。

三合十化：全方位的运营系统

对“国资小新”运营管理进行分析，可以发现，其运营方法可以总结为“三合十化”。其中，“三合”代表着聚合服务、整合传播、融合运营，而“十化”则是对“三合”的具体化拆解，具体表现为以下十点。

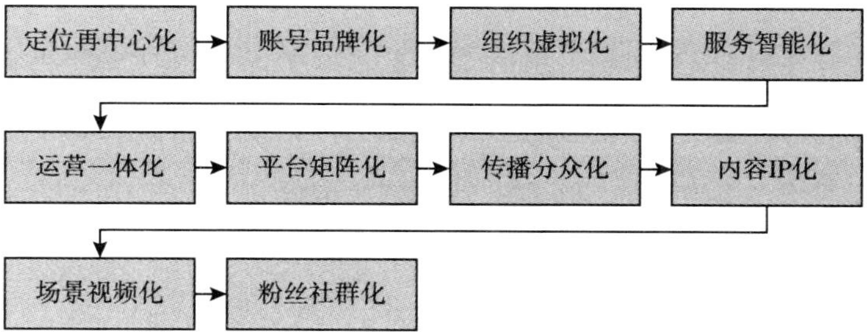

图1–13 “国资小新”的十化运营系统

（1）定位再中心化，将自身打造成为关系链、价值链的核心。移动互联网的推广普及，使去中心化成为主流趋势，人人皆可成为传播中心，媒体和政府特别是“国资小新”这种以对国有企业和国有资产监督为主的“B2B”政府部门，对信息传播的控制能力被明显削弱。

所以，“国资小新”需要在巩固ToB的同时，拓展ToC能力，通过为公众提供优质内容和政务服务赢得其认可与支持，从而增强自身的社会影响力。“国资小新”通过整合各种优质资源，打造了完善的内容生态圈，可以满足媒体、企业及个人的信息及政府服务需求。长此以往，“国资小新”有望成为服务链、传播链及关系链的核心。

（2）账号品牌化，成为国资国企领域政务新媒体领军者。运营团队积极将“国资小新”打造成为具有强大影响力的政务新媒体品牌，建立了专属字体“小新体”、专属听觉识别“小新之歌”以及专属视觉识别“小新卡通形象与表情包”。在百度搜索中，输入关键词“国资小新”后，可以找到高达110万篇相关报道。为加强品牌建设，“国资小新”运营团队积极创新，在文体、新媒体邮票、新媒体智库等多个方面进行了广泛的探索实践。

（3）组织虚拟化，建立自组织型创新团队。“国资小新”明确了各团队成员的权力和责任，引导每个团队成员持续提高自身业务能力和综合素质，从而使团队从一个政府职能部门进化为跨界、跨专业、跨领域的虚拟团队。据了解，“国资小新”核心运营团队共有8名成员，背靠央企的优秀员工、媒体及行业专家等优质资源。在未来的一段时间里，国资小新将积极向团队成员自我管理、高效协同，管理民主化，采用项目制和“群审制”的自组织团队转型升级。

（4）服务智能化，提供7×24小时服务。人工智能技术的崛起和应用，为政务新媒体提供实时服务奠定了良好基础。未来，“国资小新”将依托智能机器人，为用户提供人机对话、服务实时智能响应等智能服务，缩短用户等待时间，降低新媒体运营成本。

（5）运营一体化，实现渠道融合和内容联动。面对微博、微信、抖音、今日头条、喜马拉雅、政务App等一系列新媒体平台，很多政务新媒体运营人员会出现选择困难，或因资源过度分散导致运营效果不佳等诸多问题。为解决这些问题，“国资小新”开展运营一体化，将多种传播渠道相融合，实现内容联动，力争传播效果最大化。

（6）平台矩阵化，扩大传播影响力。“国资小新”充分整合内部及外部资源，打造线上“统一战线”和国资央企矩阵，并通过关系矩阵、内容矩阵、账号矩阵、媒体矩阵等提高资源共享和利用效率。

（7）传播分众化，实现“千人千面”定制传播。“国资小新”充分把握受众需求，借助多种渠道向差异化的个体和组织输出个性化的优质内容。同时，“国资小新”从内生、政策、本地、行业、国际、大众等多个角度积极开展圈层化传播。

（8）内容IP化，打造爆款内容，塑造顶级政务新媒体IP。比如，党的十九大期间，“央企新媒体小编群聊记录”在全网广泛传播，该群是一个由多家央企成员组成的微信群，群主正是“国资小新”。凭借满满的正能量、较高的趣味性等，该群聊天记录得到了广大网民的高度评价，很多网民留言询问“怎样才能加群”。

2018年10月22日，微信公众号“国资小新”发了文章《群主声明丨关于近日央企新媒体小编群聊记录泄露的真相》，把这一话题热度推向顶峰。截至10月23日18时，有关“央企新媒体小编群聊记录”的媒体转载报道共70余篇，391个微信公众号、970多个微博参与报道，累计阅读量超过千万次。

2019年初，“国资小新”与科幻作家刘慈欣的良性互动成为民众关注热点，运营团队借此机会举办了“科幻作家走进新国企”活动，累计阅读量高达4.6亿人次。通过评论主题、粉丝话题、与媒体合作等多种方式，“国资小新”多次实现全网广泛传播，为其IP建设提供了巨大推力。此外，“国资小新”还积极帮助国有企业开展IP建设，为后者卡通形象塑造、口碑传播等提供有效指导与帮助。

（9）场景视频化，传播国企故事。体验经济时代，场景化传播成为主流趋势，而视频在场景立体化呈现方面具有先天优势。2018年6月1日儿童节期间，“国资小新”在抖音上推出了“biu回到童年”公益挑战活动，该活动以童年场景为主题，鼓励用户分享好玩有趣的短视频作品，吸引了26.8万人参与，相关视频累计播放量高达11.7亿人次。

（10）粉丝社群化，与用户建立强有力的连接关系。“国资小新”积极开展粉丝社群化运营，利用国资微沙龙、走进新国企、卡通之夜、对话新国企、小新奖学金、第三张国家名片征集、中国企业新媒体年会等多种线上线下活动，吸引用户积极互动交流，逐渐为自身积累了海量忠实粉丝。

第二章

政务创新：新媒体重塑社会治理新格局

政务公开：打通政务沟通最后一公里

当前政府信息公开存在的问题

无形的政务信息要通过特定的形式表现出来，也就是说，政务信息的公开要有一定的载体，传统载体包括电视、报纸、杂志等，现代载体包括微博、微信、短视频、App等。进入新媒体时代后，政务公开载体越发多元化，除广播、电视、报刊之外还出现了一系列新型媒介，比如各行政机关的官方网站、政务微博、政务微信等。

新载体的出现创新了信息传播方式，政务微博、政务微信、官方网站等为公众表达观点、提出利益诉求、参政议政提供了一定的空间，降低了公众言论自由权利的行使难度，激发了民众参与的热情，同时也提高了对信息公开程度的要求。

如果政府机关无法满足社会大众对信息公开的要求，网络上就会形成舆论，吸引各类媒体跟进报道，最终舆论转化为舆情，给政府机构带来困扰。实践证明，目前，社会舆情事件多发源于新媒体。

近几年，为响应党中央、国务院的号召，各级政府机构都在探索政务信息公开路径与方法，将行政权力逐渐放开。随着微博、微信等新型传播媒介逐渐普及，公民参政议政的热情不断高涨，政务信息公开速度不断加快，政府机构与社会大众的互动性越来越强。在此情况下，以电视、报纸等传统媒介为载体的政务公开制度受到了巨大的冲击，促使政务公开观念与制度不断革新。

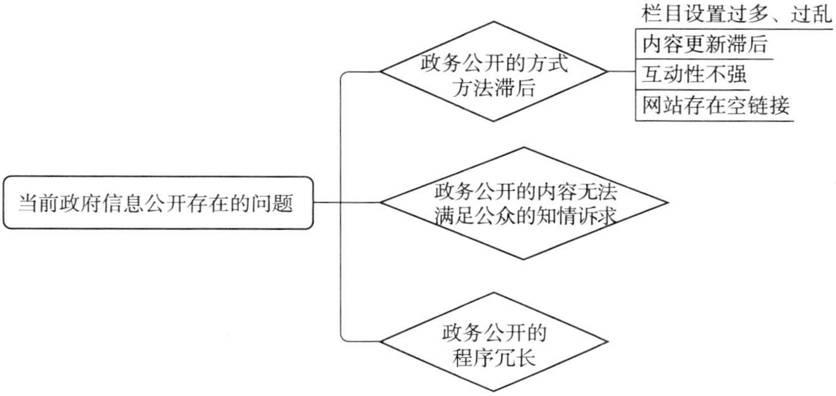

图2-1　当前政府信息公开存在的问题

◆ 政务公开的方式方法滞后

目前，我国政务信息公开方式包括通过门户网站、传统媒体发布信息，召开发布会发布重大事件的相关信息，在各级行政机关办事机构大厅宣传栏张贴公告，面向涉案当事人宣读信息等。通过对部分地方政府的门户网站进行观察发现，我国政务公开方式存在以下问题：

（1）栏目设置过多、过乱。比如某公安系统的门户网站设置了省警务要闻、某省警讯、时政要闻、新闻发布、警界风采、网上办事、网上回复等多个栏目，其中省警务要闻、某省警讯、时政要闻、新闻发布都属于新闻栏目。

（2）内容更新滞后。“网上办事”和“网上回复”栏目的内容停留在

2008年、2009年，内容陈旧，迟迟得不到更新。

（3）互动性不强。虽然网站设置了“网上办事”“网上回复”等互动性栏目，但对于社会大众提出的问题没有做到及时回复，栏目形同虚设，互动性极差。

（4）网站存在空链接。比如点击“快速通道”，再点击“政府信息公开目录”，再点击“政策法规类”，内容为空。

◆ 政务公开的内容无法满足公众的知情诉求

目前，我国正处在改革攻坚期，利益格局多元化，公众参与热情高涨。要想保证公众参政议政的有效性，就必须提高公众对政府信息的知情度，让公众充分利用政府信息，与行政机关形成信息对称。现阶段，任何一个公共事件的信息公开程度都会受到社会大众的追问。进入新媒体时代之后，社会大众全面获取信息的愿望将更加强烈。

政务公开指的是行政机关在行使行政权的过程中，如果不是遇到法律规定的特殊情况，应按照法定程序将所有与行政职权有关的信息与活动公开，置于社会监督之下。从各国立法情况来看，政务公开信息包含两部分，一是应当公开的信息，二是例外信息。

◆ 政务公开的程序冗长

传统媒体的信息传播遵循的是“黄金48小时”法则，所以官方处置突发事件遵循的就是“黄金24小时”理念。但在微博、微信等新媒体平台，事件发生后4小时就能实现大范围传播，形成舆论。所以，人民网舆情监测室提出了“黄金4小时”原则。

在新媒体时代，每个公民都可以随时随地传播图片、文字、音频、视频，是“天然的爆料场”。但公民爆料的内容有的经过审查，比如各大传统媒体在官方网站发布的内容；有的没有经过审查，这些内容可能是会破坏社会稳定的非法信息，也可能是诈骗信息，或者是夸大事实的信息等。在突发事件发生时，未经审查的信息将呈现出井喷之势。面对这些良莠不齐的信息，网民很难做出精准识别。在此情况下，政府机构必须及时发布信息，澄清事实，对网络舆论进行积极引导。

在新媒体环境下，信息传播速度、舆论形成速度都非常快，行政机关必须及时公开信息。但行政机关发布信息要遵守严格的审批程序和保密审查机制，稿件需要反复修改，层层审批。待信息发布出来后，网上早已聚集了海量不良信息，形成了负面网络舆情，如不及时遏制，这些舆情将发展成群体性事件。有些政府机构为了解决这一问题，迎合微博即时性的特点，简化了信息发布程序，但因为工作人员缺乏新媒体运营经验，说话随意、言辞不当引发社会大众反感，造成了负面影响。

政务发布：满足群众的知情权

随着信息技术不断发展，“互联网+”将对各行各业产生深刻影响，政府部门也不例外。“互联网+政府”的典型表现就是政务新媒体。政务新媒体有利于推动决策公开、执行公开、管理公开、服务公开、结果公开、信息公开、数据公开，可进一步对政策进行解读，吸引公众积极参与，回应社会需求，从而打造阳光政务、透明政务。

政务发布指的是政府机关通过互联网面向不特定人群发布重要信息，主体是政府机关，发布对象是不特定人群。随着依法治国进程不断推进，政务发布将成为依法治国的重要分支，为广大群众的知情权提供强有力的保障。

◆ 新媒体政务发布的现状与问题

随着社会不断发展，我国各级政府机构都创建了政务发布平台，开通了官方微博、官方微信公众号、官方客户端等，真正做到了“网民在哪里，政务发布就在哪里”。从发布内容来看，微博、微信等渠道可发布的信息非常多，权威信息、回应关切等都可以通过这些渠道发布。

（1）种类非常丰富。

政务信息发布渠道非常丰富，发布的政务信息种类也非常多，比如政策解读、例行发布、政府会议内容、突发性事件信息公开等。一些地方政府利用大数据创建政务新媒体服务体系，为老百姓办事办证带来了极大的便利。从某种程度上来说，政务新媒体已成为信息公开的重要途径，真正做到了便民、利民，为社会大众带来了极大的便利。

（2）有平台无运营。

作为网上政务的重要一环，政务新媒体为网络问政、网络助政起到了积极的推动作用。当前，政务新媒体存在很多问题，比如有平台无运营、有发布无审核、有账号无监管等。部分地区的政务新媒体运营成绩良好，政务新媒体规模不断扩大，影响力不断提升，而有些地区的政务新媒体运营还需努力。

◆ **新媒体政务发布的运营策略**

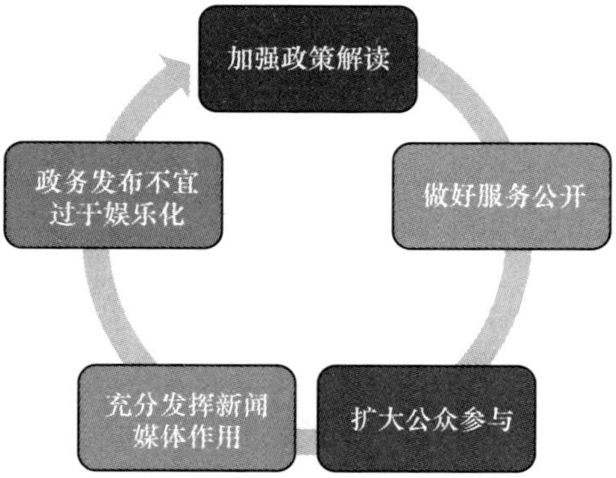

图2–2　新媒体政务发布的运营策略

（1）加强政策解读。

政策解读与政策制定要同步进行。在政策制定方面，政府部门要做好与社会大众的互动，邀请相关领域的专家、学者、新闻媒体工作者加入，通过音视频、图表、数字化等方式对政策进行更科学、更权威的解读。如果政策涉及范围较广，实施难度较大，专业性较强，可以通过发布新闻、发表文章、接受访谈等方式进行深入解读，对政策发布背景与目的进行解析，对政策内容的各个要点进行阐述，增进人民群众对政策内容的了解，做好与人民群众的互动，以便更好地为人民群众服务。

（2）做好服务公开。

推动实体服务中心与网上办事中心相结合，推动线下的政务服务不断向网上延伸。比如，政府部门可以发布公开事项编制指南，让群众了解办事流程，一次性准备好所需材料，“少跑冤枉路”，为群众办事提供便利。

（3）扩大公众参与。

为增进与人民群众的互动，推动政策更好地落地，政府机构要吸引人民群众参与政策制定与落实，充分发挥人民群众在监督监管方面的作用，收集人民群众的智慧，对相关政策进行完善，对工作内容进行持续改进。

在这方面，政府要对不同阶层、不同领域的公众参与方式进行探索，搭建政民互动平台，真正做到问政于民、问计于民、问需于民，增进公众对政府工作的了解，让社会大众真正参与到政策制定过程中来。同时，政府可以利用现代互联网技术对公众参与方式进行创新。比如，政府可以通过微博、微信等互联网工具与群众互动，了解他们的真实需求，提高公共服务响应速度与质量。

（4）充分发挥新闻媒体作用。

新闻媒体将党和群众联系在一起，党通过新闻媒体发布信息，解读政策，引领舆论。所以，政府在发布重要信息时可以邀请新闻媒体参与，畅通新闻采访渠道，为新闻媒体提供有价值的采访内容，将新闻媒体的社会传播作用切实发挥出来，增强对社会舆论的引导，加深对政策的理解。

（5）政务发布不宜过于娱乐化。

政务信息发布方式要接地气，但接地气不代表娱乐化。如果政府的信息发布方式一味地迎合社会大众，很有可能导致核心信息受损，长此以往，将导致政府的权威性、公信力不断下降。所以，政务发布要做到严肃、认真，切忌哗众取宠。在内容方面，政务信息要涵盖群众最关心的内容；在形式方面，政务信息发布方式要做到群众喜闻乐见，只有这样才能吸引更多群众关注，获得更多群众称赞。

政务公开：提升政务服务效能

政务公开有两种方式，一是行政机关主动公开，二是相对人依申请公开。从本质上看，政务公开属于双向互动反馈机制。在传统媒体时代，政务公开主要是行政机关借助一定的载体单方面地向社会大众发布信息，对申请公开信息的相对人则以利害关系人为限。

进入新媒体时代后，社会大众要求获取更多信息，而且对政务信息获取的便捷性、高效性提出了更高的要求。在此情况下，行政机关必须改变传统的单向信息发布方式，通过传统媒体与自媒体相结合的方式来发布信息，增进与民众的互动。

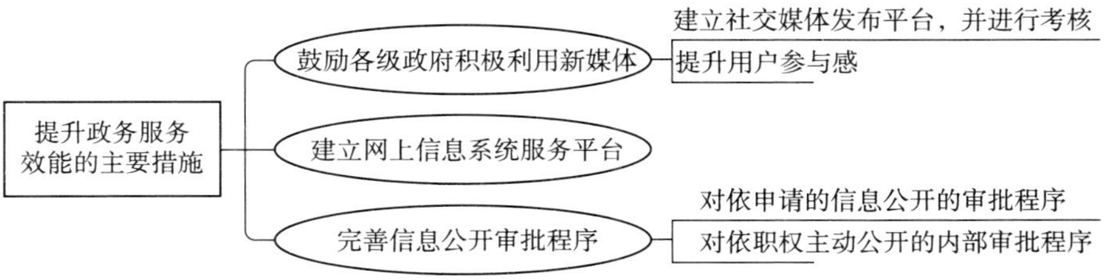

图2-3　提升政务服务效能的主要措施

◆ 鼓励各级政府积极利用新媒体

（1）建立社交媒体发布平台，并进行考核。

随着社交媒体不断普及，我国很多政府机构都开通了政务微博，比如成都市政府新闻办的政务微博“成都发布”，河南省公安厅的政务微博“平安中原”等，这些政务微博的影响力较强，但也有一些政务微博已经名存实亡，空有其名，早已无人运营。

“成都发布”为政务微博的开通与运营提供了有益借鉴。“成都发布”设定了一系列考核指标，包括每月信息发布量、转发评论量、创新性策划等。为保证内容质量，成都市政府新闻办从市级媒体抽调资深编辑管理人员组建专业的运营团队，充分发挥政务新媒体在突发公共事件发生后的舆论引导作用，在突发公共事件发生后的第一时间发布权威消息，并持续发布相关信息，稳定人心。另外，为了获得社会大众的喜爱，“成都发布”的语言平实易懂、幽默风趣，获得大量粉丝，并斩获新浪微博影响力政府机构奖。

（2）提升用户参与感。

政务信息发布与舆论引导要提升用户参与感。用户通过实名认证，在微博上积极转发信息，经常发表具有建设性的评论，政府机构要给予一定的奖励等。

◆ **建立网上信息系统服务平台**

（1）各级政府根据权力清单制度明确各级政府机关及其部门的权力，通过信息服务平台将权力清单发布出来。

（2）各级行政机关对行政管理及执法依据进行梳理，无论是规章以上的规范性文件，还是规章以下的规范性文件，只要用作政务管理依据，都要通过信息平台发布出来。

（3）如有公民在网上申请公开政务信息，政府机构要及时查询服务系统，将相关信息告知申请人，或者申请人可以自行通过网络平台查询相关信息或处理结果。至于依申请的公民的范围，只要不涉及国家秘密、商业秘密、个人隐私、当事人或利害关系人可作为申请人。

（4）设置互动交流栏目。公民遇到问题可以通过互动交流栏目提问，行政机关的工作人员看到问题要及时回复。

◆ **完善信息公开审批程序**

在新媒体时代，政务公开价值的实现直接受政务公开审批程序的影响，审批程序越完善，政务公开的价值越容易实现。具体来看，政务公开审批程序包括两部分内容。

（1）对依申请的信息公开的审批程序。明确审批期限，在受理、审查、批准等环节设置时间节点，防止行政机关久拖不决的情况出现；设置说明理由制度，对决定不公开的信息说明理由；设置第三人保护制度，如果涉及第三人的利益，信息公开要及时通知第三人。

（2）对依职权主动公开的内部审批程序。首先，明确审批主体，即享受信息公开决定权的主体，对不同层次的信息设定不同的审批级别；其次，明确审批期限。

【案例】龙岗发布：推进服务型政府建设

新媒体时代，舆论传播的方式和路径等发生了颠覆性革新。这种背景下，深圳市龙岗区主动拥抱变化，制定了长期政务新媒体建设方案，围绕龙岗区官微“龙岗发布”建立了包括龙岗人大、龙岗政协、龙岗清风、龙岗政法、龙岗发改、龙岗教育、龙岗民政、龙岗信访、龙岗经促等一系列政务微信账号在内的政务新媒体矩阵，为推进龙岗区服务型政府建设提供了强有力支持。

图2-4 “龙岗发布”微信公众号

凭借着在政务新媒体建设方面的优异表现，“龙岗发布”已经成为深圳市政务新媒体建设的典范，并入选了深圳市自媒体联盟理事会。深圳市自媒体联盟是深圳市网络媒体协会二级分会，由深圳市影响较大的自媒体构成，首批会员84家。

在国内领先的内容产业服务平台“新榜”的指数排名中，“龙岗发布”影响力和传播力均处于深圳各区级政务微信排行榜榜首，预估活跃粉丝量超过8万人。

◆ **助力东进，打造服务型政府建设“新标杆”**

进入互联网时代后，线上成为人们获取信息的主流渠道。认识到这种变化后，龙岗区于2012年8月成立了广东省首家区级网信办，为打造以政务新媒体为核心的网络宣传体系奠定了良好基础。2012年，龙岗区开通政务微博“龙岗发布”，两年后，开通政务微信“龙岗发布”。同时，龙岗区政府积极引导各职能单位入驻新媒体平台，组建政务新媒体矩阵，扩大龙岗传播力和影响力。

截至2019年2月，龙岗区各级职能单位累计开通的政务微博、政务微信账号多达数百个，而且很多职能单位还入驻了今日头条、抖音等新兴媒体平台。

目前，深圳“东进战略”进入全面实施阶段，而龙岗区政府提出“争当落实‘东进战略’的领跑者和排头兵”。“龙岗发布”是公众深入认识龙岗的重要渠道，未来，以“龙岗发布”为核心的龙岗政务新媒体将持续为公众提供龙岗政务、民生、产业等内容，助力龙岗经济持续稳定发展，为龙岗区落实“东进战略”营造优良的舆论氛围。

“龙岗发布”推出了“美丽龙岗、幸福共享”行业摄影大赛、“文博会招募粉丝团畅游龙岗分会场”等一系列线上线下活动，让广大市民有更多的机会深入了解龙岗文化，使市民产生更多的幸福感、认同感。

在深圳市互联网信息办公室指导、深圳市网络媒体协会主办的“第十一届深圳市网络文化奖”评选中，“龙岗发布”发布的原创作品《手机桌面版政府工作报告》《五年后的龙岗变化大到你不敢信》获得了年度传播创新奖项；“龙岗发布”微信公众号被评选为年度十佳政务自媒体；“龙岗发布”团队获得年度创新团队奖。

◆ 服务居民，变身市民办事“百宝箱”

“龙岗发布”并非仅是简单地发布政务信息，更结合新媒体发展规律与市民的真实诉求，强化自身的服务属性，将自身打造成为集查询、预约等诸多服务功能为一体的“生活助手”，可以为市民提供随手拍违章、户籍办理预约、婚姻登记预约等多种便民服务。目前，“龙岗发布”政务微信已经和龙岗区行政服务大厅完成对接，关注该公众号后，市民可以随时随地了解大厅服务事项和具体流程，并进入线上办事大厅，查询办事申请和流程进度。

此前，市民想要办理医师执业注册等资质认证时，需要提交多种资料，流程烦琐复杂，耗费极高的时间成本，而目前通过“龙岗发布”的网上办事大厅，市民可以直接在线上提交申请，并填写相关信息，一段时间后，便可前往龙岗区卫生行政许可办证大厅领取证件。

“龙岗发布”还推出“智慧龙岗”公益Wi-Fi功能，市民可以通过该公众号一键链接龙岗区500多处公益Wi-Fi热点，享受高效畅通的网络服务。

龙岗区于2016年开启政务微信转型，坚持服务民生、便民利民，将“龙岗发布”等政务新媒体建设成为兼具新闻性、宣传性、互动性、服务性的“移动城市宣传平台”。

此外，“龙岗发布”积极降低民众问政门槛，为民众提供多元化的问政渠道，实现对民众意见的高效梳理汇总并及时反馈。“龙岗发布”在微信端打造了新型网络答政平台“外网回音壁”，与市民进行实时沟通交流，集中民间智慧，共同推动龙岗区经济社会发展。“外网回音壁”曾被评选为年度“粤治——治理现代化”广东优秀案例，得到业界的一致好评。

优化服务：建设人民满意的网上政府

构建基于新媒体的政务影响力

移动互联网已经被应用至社会经济的各个领域，开放、自由、平等的网络环境，使信息不对称性被打破，公众的知情权、表达权、参与权、监督权等得到了更多的重视与尊重。这种背景下，政务微博、政务微信、政务抖音等政务新媒体大量涌现，为推动政务公共服务创新带来非常积极的影响。

◆ 新媒体在政务服务中的必要性

（1）搭建政府与民众交互的绝佳通道。

基于移动互联网的新媒体打破了时间与空间限制，在传播速度、交互性等方面明显优于传统媒体。政府可以借助政务新媒体与民众方便快捷地沟通交流，倾听民声、收集民意、汇聚民智，逐步和民众建立长期稳定的信任关系。同时，政务新媒体可以承载多种政务服务功能，增强政府公共服务水平。

（2）保障公民合法权益。

民众可以借助政务新媒体向政府提供反馈意见与建议，在评论区对政务信息公开及政务服务等进行评价，从而使政府接受民众监督，进而使政府在研究制定相关政策、为民众提供政务服务时，考虑到民众的诉求，使民众利益得到保障，促进社会的和谐稳定。

◆ **新媒体在政务服务中的前景展望**

（1）实现新媒体在政府公共服务中的广泛应用。

新媒体时代，开展新媒体运营是政府转型升级的重要推力，它有助于强化政府公共服务能力，革新政府公共服务理念和方式。因此，在相关部门和人员绩效考核过程中，是否做好政务新媒体运营也应该被纳入考核体系之中。

目前，很多政务新媒体的功能主要局限于发布通知公告、就重点问题为民众答疑等方面，在提供在线缴费、实时路况查询、智能医疗等便民服务方面还有较大的提升空间。未来，政府部门需要深度发掘新媒体在政府公共服务领域的应用价值，围绕政务新媒体拓展更多的服务功能，使广大民众切实受益。

（2）建立数据资源共享平台。

对数据资源进行充分整合，建立数据资源共享平台，实现对数据资源的高效利用，是政府提高自身工作效率与质量的重要举措。以突发事件处理为例，当遭遇突发事件时，政府部门可以利用网站、微博、微信、App等多媒体渠道进行全方位报道，并对与突发事件相关的文字、图片、音频、视频等进行共享，使民众可以从不同的渠道了解到更为全面、客观、真实的信息，从而提高政府部门的权威性和公信力。

（3）加大政策解读力度。

让民众参与到政策特别是与民生相关的政策研究制定过程中，是体现当代政府透明度和亲和力的重要手段。而政务新媒体为公众参与政策研究制定提供了高效低成本的绝佳渠道。具体而言，政府部门可以通过专家学者在线答疑，或者制作解读政策的趣味短视频等方式，使民众更好地理解政策将会如何影响他们的日常生活与工作，并积极为政策研究制定建言献策。这不但可以帮助政府部门提高办事效率与质量，还能让公众获得更多的参与感、体验感，有效增进政民互信。

掌上政务：便民服务提质增效

随着互联网、移动互联网快速发展，民众在家享受政务服务将成为常态，手机成为政府机构“为民服务”的新窗口，将政府机构与群众联系在一起，让普通民众可以随时随地享受政务部门提供的贴心服务，打造“掌上政务”，真正做到“让数据多跑路，让百姓少跑腿”。

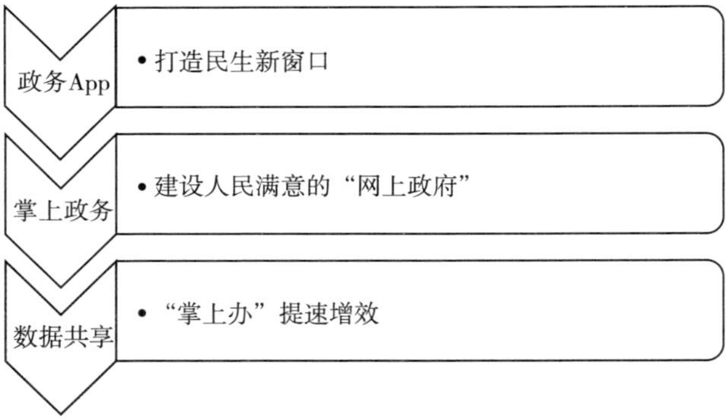

图2-5 打造“掌上政务”的主要策略

◆ 政务App：打造民生新窗口

互联网具有互动性，是政务新媒体探索发展必须遵循的原则。进入移动互联网时代，“网上政务”逐渐向“掌上政务”发展，“扫码办事”“刷脸办事”“微政务”等新型服务方式层出不穷，被网友戏称为“刷脸政务”。这些方式操作简单，为群众提供了方便，备受社会大众喜爱。对于政务App来说，“功能齐全”是其永远的追求。

近年来，政务领域出现一款爆款政务App——“交管12123”，下载安装量超过了1亿人次。随着机动车数量持续增长，交通管理业务量迅速增加，仅凭现有的警力资源很难解决交通服务管理供需之间的矛盾。政务新媒体的出现为这一问题提供了一个全新的解决思路。

目前，全国所有省市都启用了互联网交通综合服务管理平台，推出了“交管12123”App服务。用户可通过该平台或App进行驾考预约、办牌办证，查询机动车年检、驾驶证审验、交通违法记分等信息。据了解，目前，“交警12123”App已上线了信息查询、告知提示等九大类124项服务，开通了办牌办证等四大类23项业务，为群众办事难、办事慢、办事繁等问题提供了一站式解决方案。

政务App集便民服务与听取民情两大功能于一体。过去，为了解公众意见，政府网站设置了意见信箱、留言板。目前，这些功能全都被政务App覆盖。在国家信访局接收的网上信访总量中，群众通过政务App提交的网上信访事项占比超过了一半，移动端信访也成为网上信访的主要方式。

◆ 掌上政务：建设人民满意的“网上政府”

随着手机网民规模不断扩大，各种便民服务App、公众号层出不穷，各地全流程、一体化的“掌上政务”平台陆续诞生，为群众办事提供了极大的便利，让“掌上办”“指尖办”成为可能。在这些平台的支持下，用户在家就可在医院挂号、办理出入境旅游证件等。

“掌上政务”涉及的政务事务与群众关系密切，包括政务服务、便利服务、办事指南、办件公示、下载中心等。各部门通过对自己的信息功能、服务功能进行整合，打破政务信息壁垒，打造了一个集政务信息发布、社会管理服务、部门政务服务、居民民主参与等功能于一体的综合性“掌上政务”平台。

随着互联网、移动互联网不断发展，政务服务不断向移动端延伸，逐渐从现场办理发展为网站办理、手机办理，带给群众“人在家中坐，事情全办妥”的便捷化政务服务体验。

◆ 数据共享：“掌上办”提速增效

近几年，各地政府通过积极的探索与实践，在“掌上办”“指尖办”等领域积累了宝贵的经验，不仅为群众办事提供了极大的便利，还使政务服务的工作效率得到了大幅提升。

在此形势下，重庆市推出了“渝快办——重庆政务掌上办”移动政务服务平台，该平台汇聚了58个业务部门的3600多项政务数据，打破了各业务部门独立运行、封闭运行的状况，提高了政务服务质量与效率，真正做到了“渝快办”。

浙江省推出“掌上办公”平台，以效能提升为目标对工作流程进行重塑，通过政务服务全流程移动端办理，对公共数据进行整合，不仅简化了业务办理流程，提高了业务管理的精细化程度，还使政府的办事效率得到大幅提升。

随着数字福建战略不断推进，福建省国税、地税联合打造了“闽税通”App，为国税、地税业务不通，执法“多头查”，处罚“多标准”等问题提供了有效的解决方案，并创造了一种全新的网上办税渠道与方式，使服务能力与效率得以切实提升。

随着移动互联网与政务服务紧密结合，政府服务向移动端的延伸速度不断加快，各地政府机构都在加速打造“指尖上的网上政府”，以期在提高工作效率、服务能力的同时，不断提升社会大众的满意度，真正做到“利企便民、亮点纷呈、人民满意”。

政民互动：构建双向沟通机制

政府部门创建官方网站、开通官方微博的目的是宣传政策法规、增进政民互动、实现问政于民，为社会大众提供更便捷、更优质的服务，绝非“赶时髦”“随大流”，更不是为了完成上级交办的任务。但实际上，政务新媒体发展水平参差不齐，新媒体运维存在很多风险，有些新媒体因为不熟悉网络环境，没能很好地使用网络语言，没能及时回复网友提出的问题，发表不当言论等，不仅没有对政务工作的开展产生积极的推动作用，反而引发网友反感，加深网友对政府部门的误解，对政府部门形象的构建产生消极影响。

除此之外，还有一部分政务新媒体开通之后，运营人员没有用心运营，只是应付了事，没有将新媒体与群众沟通的作用真正发挥出来，从而出现了内容久不更新、不回应用户提问、答非所问等问题。在此情况下，政务新媒体要将其服务性功能充分发挥出来，及时响应公众需求，不断提高运营人员的专业素养，做好顶层设计，对“不回应、慢回应、错回应”等问题追究责任，建立内部政务信息协调机制，不断对线上线下融合机制进行完善。

政务新媒体的功能非常多，比如政府形象塑造、群众与政府沟通的桥梁、群众观察政府的窗口等。所以，政务新媒体的运营人员必须虚怀若谷，能够听取批评、容下争议，坚决抵制套路，秉持真诚、自然、贴心的原则，打造一个和平的网络空间与理性的对话平台。

◆ 建立常态合作机制，以老百姓喜闻乐见的形式发布政务信息

（1）改变各级政务信息公开网站呆板面孔，增强吸引力和亲和力。

目前，大部分政务信息网站只是死板地刊登信息，长篇的规章制度与文件很难吸引社会大众阅读。为了改变这一状况，政务信息网站可以向新闻网站学习，以按类检索和按部门检索为基础，将热点信息置顶，将每条信息的点击量实时显示出来，为社会大众及政务机构发现热点问题提供方便。另外，政务信息网的首页要展示当天点击量排在前五名的信息，将点击量居高不下的信息呈送相关部门，做好舆情观察。

（2）与报社、电视台合作，对最受关注的政务信息进行报道。

政府部门要与报社、电视台合作开通“政务信息公开化”栏目，定期对受社会大众关注的政务信息进行报道。这些政务信息必须是经过精心挑选的，与民生密切相关，由政策制定部门用通俗易懂的语言进行深入解读，而且要建立反馈机制，从社会大众反馈的问题中选择一些具有代表性的问题进行解答。

◆ 利用大众媒体积极与社会大众沟通，及时修正问题

（1）用户网络后台实名制，利用政务信息网建立意见回馈机制。

目前，政务信息网的传播模式主要是“传者本位”模式，传播形式主要是刊登原文，很难引起社会大众的关注。政务信息网要想改变这一问题，就要力争成为一个民意观测站，不仅要刊登原文，还要允许后台实名认证的用户发表意见，在信息后面留言，借此了解公众对政策的意见。对于公众集中反映的问题，要及时呈报给相关部门，以便相关部门对政策进行修改。

在这方面，郑州市城管部门的做法值得学习、借鉴。作为一个城市管理机构，城管部门的矛盾比较严重，如果处理不当就会造成公众事件。所以，郑州市城管部门要求对社会公众的网络留言做到“件件有落实，事事有回声”。为了做到这一点，郑州市城管部门专门安排三名人员负责处理社会大众的网络留言，一名人员专门负责接收意见，一名人员将事件转交给相应的办事部门或人员，一名人员负责现场调查，督促办事人员尽快解决问题。如果某个事件处理需要的时间过长，无论事件发展到哪个环节，都要及时向网友反馈，直到事情完全解决为止。

（2）设立“热点政务信息”监督栏目，开展批评与自我批评。

批评与自我批评是我党的优良传统，通过批评与自我批评能够去除不良作风，保持优良作风。政府部门开展批评与自我批评，可以在微博、报纸、电视台等媒体上开设“热点政务信息”监督栏目，刊登一些有利于巩固社会和谐、有建设性、有原则、与人为善的批评。如果批评属实，政府部门要在媒体上发表声明，接受批评，积极改正，并将改正结果通过媒体公布出来；如果批评意见有部分不属实，政府机构要接受正确的批评，对不属实的内容做出解释。

【案例】珠海政府：打造新型政务服务平台

与传统媒体相比，公众可以更为积极主动地参与到新媒体传播中来，而不是仅做被动的信息接收者。想要做好政务新媒体运营，政府部门必须遵循新媒体的传播规律，使新媒体成为拉近政府和公众距离的有效工具。

珠海政府在公共服务过程中，充分借助政务微博、政务微信等政务新媒体，与民众开展良性互动，产生了颇为良好的实践效果。以珠海市香洲区新闻中心“饭米粒网”为例，“饭米粒网”不断总结新媒体运营经验，结合香洲区委、区政府的工作要求，策划线上线下活动，运用专题报道、H5、快讯推送等多种传播方式，将政务网站、政务微博和政务微信相结合，成为同级单位政务新媒体运营典范，比如：“饭米粒网”曾获“优秀地方网站”称号、“珠海香洲”荣获“广东省十大政务微博微信”奖等。

图2–6 “饭米粒网”页面

◆“一网打尽”香洲大事小情

“饭米粒网”在网站端设计了新闻、视频、微政务、云眼看香洲、专题等多个版块，可以满足用户的差异化需求；同时开通了“珠海香洲”微信公众号、“珠海香洲”与“香洲饭米粒”微博账号等。

图2-7　珠海香洲微信公众号

香洲区于2013年推出了“我推荐、我评议身边好人”活动，截至2018年12月底，已评选出“香洲好人”219名。这些“好人”背后的感人故事，通过“珠海香洲”微博、微信账号持续传播，传递了香洲的善与爱。

与此同时，“饭米粒网”团队投入了大量时间与精力，对愚园、凤凰湾沙滩、梅华城市花园、大镜山社区公园、日月贝珠海大剧院、拱北街道六大社区等珠海特色景点进行航拍，并通过全媒体渠道向民众持续推送，让市民得以从全新的视角观察珠海，感悟生活的美好。

◆ 致力公益，让爱传承

“饭米粒网”团队秉承发现爱、感受爱、传递爱的运营理念，策划了“香洲记忆”“香洲星主播”“中小学生诗歌创作大赛”“最美小区（阳台）创建活动”“爱本传城”脚印公益活动等一系列充斥着爱与温暖的线上线下公益活动。而广大市民给予了热烈响应，积极参与活动的同时，更在朋友圈对活动进行传播推广，为“饭米粒网”建设更有公信力和社会责任感的公益品牌形象奠定了良好基础。

“饭米粒网”团队尤其注重让用户长期保持新鲜感，积极与其沟通交流，搜集其反馈意见，使广大市民获得更多参与感。在“珠海香洲”微信公众号推出的“闻香识花”栏目中，花卉爱好者可以参与答题活动，并有机会获得明信片、马克杯等精美礼品；“中小学诗歌创作大赛”活动累计收到参赛作品842篇，参与人次高达180万；“最美小区（阳台）创建活动”参与人次多达22万；“香洲星主播”视频大赛活动评选出了18部优秀视频作品，参与人次达15万。

◆ 不拘一格，创意出新

“饭米粒网”组建了专业的视频工作室，开展视频内容团队化运营，该团队充分整合“饭米粒网”的优质资源，创造了大量原创香洲区资讯节目和公益广告，使广大市民可以快速了解身边发生的各种事情。以原创MG（Motion Graphics，动态图形）动画作品《相约香洲》为例，该作品以风趣幽默的语言，如诗如画的画面，展现了情侣路那令游客流连忘返的绝美风景。

“饭米粒网”开发了手绘地图、手绘明信片等多种香洲特色宣传品，并设计发布多条创意H5，以更加符合年轻受众需求的形式传播香洲的民俗文化，为建设美好香洲提供了强有力的支持。

创新治理：推进政府治理能力现代化

新媒体时代的政府治理现代化

党的十九大从全面建成小康社会到基本实现现代化，再到全面建成社会主义现代化强国，对新时代中国特色社会主义发展进行了战略安排，并提出实现国家治理体系和治理能力现代化。这就要求我们以政府治理能力现代化推动各项事业发展。

◆ 政府治理能力现代化对于政务新媒体的迫切需求

（1）推动政务公开和信息公开的迫切需求。

近年来，社会大众的维权意识、参与公共事务管理意识、监督政府行为意识不断增强，对政务信息公开要求不断提升。为满足社会大众的这些需求，政府部门必须搭建畅通有效的政务公开路径。在此背景下，可以即时获取信息、主动推送信息、支持公众定制、信息内容多元化的政务新媒体为政务公开路径的搭建提供了新思路。

（2）创新社会治理的迫切需求。

近年来，社会治理出现了很多新问题，给政府治理能力现代化建设带来了巨大的挑战。为应对这些挑战，政府不仅要提高决策速度与效率，还要提高决策的科学性，做好突发公共事件的预警、预判，提高公共服务供给的精准性，与社会大众开展良性互动。

传统媒体（电视、报纸等）的传播速度较慢，覆盖人群有限，无法满足政府治理能力现代化对传播速度的要求，无法做到提前预警。而政务新媒体不仅覆盖人群多，还能让信息实现实时传播。同时，社会公众希望享受到更多元化、更便捷、价格更低的社会公共服务，借助政务新媒体，政府可以很好地满足社会公众的这一需求。

（3）加强政民互动的迫切需求。

随着政府治理能力现代化进程不断推进，政务新媒体的应用需要解决一些新问题，最直接的问题就是增强政民互动。政府为了增强与社会大众的互动，先后开通了政务微博、官方微信公众号、客户端，以政务新媒体为平台形成了政民互动新状态，使政务信息公开力度与传播效率得到了大幅提升。

（4）引导社会舆论的迫切需求。

在新媒体时代，人人都是“自媒体”，使社会舆论的源头无限增加，传播内容难以控制，负面舆论极易扩散，对社会和谐稳定造成不良影响。为遏制负面舆论，政务新媒体必须占领社会舆论宣传主阵地，成为社会舆论的主导者，掌握主导权。

◆ 如何提升政务新媒体运营的水平

（1）解放思想，增强领导干部运用政务新媒体的意识。

领导干部是各级政府的核心成员，是政务新媒体应用的主导者、倡导者。要想提升政务新媒体的运营水平，必须增强领导干部利用政务新媒体的意识，鼓励领导干部主动学习政务新媒体的相关知识。为此，上级部门可以利用各级党校、行政学院的课堂对领导干部进行政务新媒体培训，让领导干部掌握政务新媒体应用技能，增强政务新媒体使用能力，提升政务新媒体运营水平。

（2）敢于创新，多种方式实现政务新媒体的有效运行。

一方面，政府可以对外采购，从优质供应商处引进成熟的技术；另一方面，政府可以采用先进的技术手段规范政务新媒体的运行，减轻工作负担，提高工作效率，保证信息安全，使政务新媒体运营水平不断提升。

◆ 政府部门开设政务新媒体应避免的误区

（1）切勿盲从，要量力而行。

不是所有的政府部门都适合开通政务新媒体，政府部门在开通新媒体之前要将部门需求与用户需求结合起来进行考虑，不能一味地追求账号数量，要做好顶层设计，创建协同关联的政务微信群，打破层级间、区县间、部门间的隔阂。

如果政府某部门开通了政务新媒体之后，不能及时发布信息，发布的内容质量较差，不能做好与网友的互动，引发信息安全事件，不仅不利于部门形象的塑造，还有可能引起公众恐慌，给部门形象造成不良影响。

（2）切勿跟风，要真抓实干切实服务群众。

政府开通政务新媒体的初衷是更好地为群众服务，为群众提供方便。目前，很多地方政府刚刚开通政务新媒体，人员配置不足，需要集中人力、物力做好内容建设，多开发一些真正对群众有益的功能，多推出一些与群众利益密切相关的内容。

政府治理现代化的策略与路径

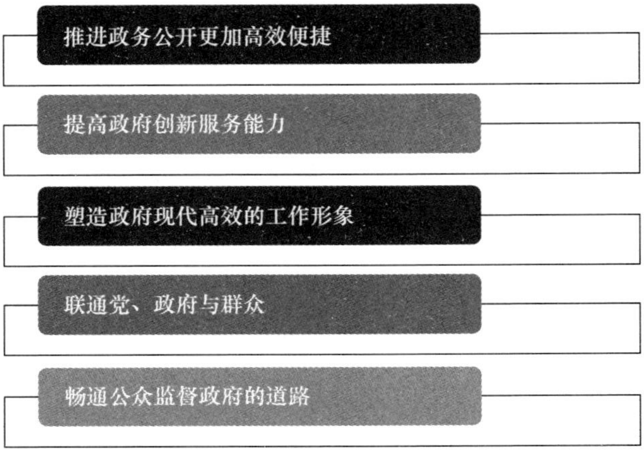

图2–8　政府治理现代化的策略与路径

◆ 推进政务公开更加高效便捷

中共中央办公厅和国务院办公厅印发的《关于全面推进政务公开工作的意见》（以下简称《意见》）对政务新媒体需要承担的责任提出了新要求。《意见》写到：“要发挥新闻网站、商业网站以及微博、微信、移动客户端等新媒体的网络传播力和社会影响力，提高宣传引导的针对性和有效性。”

以沈阳市人民政府的政务微信平台“沈阳政务”为例，该平台为法规公文的发布、政策的解读开辟了一个专栏——政务公开栏目。另外，新华网利用大数据、云计算、移动互联网等新一代信息技术开启了“千家互联网小镇行动计划”，面向全国各级政府部门及党政机关推出了一个政务信息发布平台，为这些部门与机构提供了权威的信息发布渠道。

◆ **提高政府创新服务能力**

一直以来，民生问题都是社会热点话题。在习近平总书记的倡导下，各级政府部门在民生领域投入了巨大的人力、财力、物力，但在落实的过程中总会遇到各种问题，如交通问题、居住问题、医疗问题等。政务新媒体的出现为这些问题的解决提供了新思路、新方法。

为解决交通拥堵问题，大连市公安局交通警察支队创新性地将交通事故处理转移到了手机端，利用政务微信方便快捷地处理交通事故。大连市民只需关注微信公众号“大连交警”，就能通过政务微信平台快速处理一些小型交通事故，比如车辆剐蹭等，在很大程度上提高了事故鉴定、保险理赔的速度与效率，缓解了因微小交通事故造成的道路拥堵问题。

对于城镇居民来说，公共交通是其关心的热点问题。为满足城镇居民对公共交通的需求，大连市旅顺口区交通局利用政务微信平台，通过引入GPS车辆定位系统创建了智能公交系统。居民可通过该系统查询公交路线、站点、换乘方式等，还能定位公交车位置，查询公交车到站时间，计算等待时间等，并根据这些信息合理地安排出行时间，减少等车时间，避免错过上车时间。该系统为居民出行带来了真正的便利，受到了居民的强烈称赞。

◆ **塑造政府现代高效的工作形象**

地方政府形象对当地经济发展、社会稳定、投资环境的构建有至关重要的作用。如果一个地方政府存在不作为、慢作为行为，投资方往往会放弃投资；相反，如果一个地方政府的行政效率极高，投资商往往会积极投资，而且会结伴投资。

目前，政务新媒体已成为塑造政府形象的强有力工具。在传统媒体环境下，人们通过电视、广播、报纸、杂志等被动地接收信息。但在进入新媒体时代之后，信息传播打破了时空限制，变得更加开放。一个地方政务新媒体的发展高度往往取决于当地政治、经济、行政、文化的发展程度。比如，上海市政府办公厅的“上海发布”就是高效政府的代表。在这个政务新媒体的市政大厅中，市民可以查询公交信息、路况信息，还可以办理出入境证件，查询个税、公积金、医疗保险等信息。

◆ 联通党、政府与群众

政务新媒体要充分发挥桥梁作用，将党、政府、群众紧密连接在一起。政府要利用政务新媒体创建一个科学的沟通机制，密切党、政府与群众之间的联系，发展电子政务、政务微博、网络问政、政务微信等各种各样的政务新媒体，倾听群众呼声，了解民情民意。同时，政府还可以通过这些政务新媒体宣传党的方针政策，调动人民群众参与的积极性，与人民群众建立互信、包容、合作关系。

大连市西岗区365市民大楼服务中心创建了一个政务新媒体——“大连西岗365”，该账号不仅经常发布“365市民大讲堂”、政务信息公开等信息，还专门面向外地务工人员发布一些就业信息，帮他们尽快融入本地生活，帮群众解决生活中遇到的疑难问题，获取了群众的信任，增进了与群众的距离。

◆ 畅通公众监督政府的道路

政务新媒体为公众参与提供了新渠道，公众参与有利于政府与社会大众交流互动，调解政民矛盾，为社会稳定发展发挥积极推动作用。另外，政务新媒体为社会大众监督政府的决策行为、参与政府的公共决策提供了新途径。比如，浙江省温州市司法局开通了一个政务微信公众号——“人民监督员在线”，这个政务新媒体以“依法行使人民监督权，保证检察权规范运行”为目标，支持监督员对案件进行监督，进行在线举报，为人民参与监督提供一个新渠道，也对监督员行使检察权起到一定的规范作用。

推进政府创新治理的三个层面

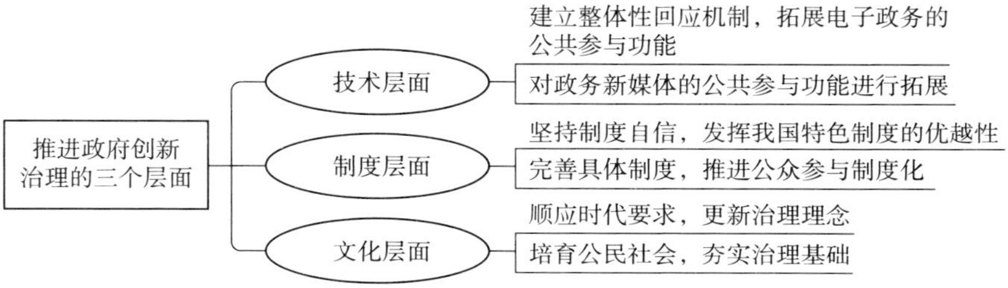

图2-9　推进政府创新治理的三个层面

◆ 技术层面

（1）建立整体性回应机制，拓展电子政务的公共参与功能。一方面，政府部门要转变对政务新媒体的认知，不能将政务新媒体视为简单的政务信息化工具，要将新媒体改造政府流程的功能充分发挥出来，实现以民众为中心的价值取向。另一方面，政务新媒体运行要秉持“物理上多个部门，逻辑上一个政府”的原则，整合现有的政府办事平台与政府网站，按照公民需求对相关流程进行调整，为社会大众办理业务提供方便。

（2）对政务新媒体的公共参与功能进行拓展。通过虚拟电子社区、民意手机平台等引导公众积极建言献策。为激发社会公众参与的积极性，政府部门要积极建立监督与批评机制，如设立部门回应效率排行榜、将网民满意度列为考核内容等，借此对政府回应效率与质量进行监督。

◆ **制度层面**

技术革新也好，理念更新也罢，要想取得较好的效果，促进政治活动良性运行，必须落实到制度变迁上。

（1）坚持制度自信，发挥我国特色制度的优越性。

自改革开放以来，我国社会、经济迅速发展，取得了巨大的成就，说明我国目前的制度卓有成效。在全面深化改革的背景下，政府部门的重要任务是对一些具体的制度进行改革，紧跟时代发展不断创新。随着中国特色社会主义进入新时代，政府治理能力亟须实现现代化，这就要求各级政府部门始终坚定中国特色社会主义制度自信，坚持我国的基础制度和基本制度，自觉地扩大制度共识，深化制度认同，夯实制度根基，毫不动摇地坚持和发展中国特色社会主义发展方向。

（2）完善具体制度，推进公众参与制度化。

★ 相关部门要出台公众参与的法律法规，明确参与主体、参与程序、参与主体的权利与义务等，对网络政治参与进行认定。这些法律法规出台后先在部分地区试行，等时机成熟后针对公众参与统一立法。

★ 逐步将非制度化参与纳入体制内，通过舆情监测发现社会大众的参与热点，主动介入，打消社会公众的疑虑。

★ 建立问责制度。制定领导绩效评价指标。如果相关领导未经公众参与做出重大决策，且造成严重不良后果的，要接受相应的处分。同时，政府部门要通过行政诉讼为社会大众的知情权、参与权提供有效保障，迫使行政机关改变决策习惯。

◆ **文化层面**

新媒体只是一种技术，本身没有任何价值。我国政府治理能力现代化的最佳策略应该是借助新媒体技术，积极进行价值引导，构建国家治理体系，使社会治理能力不断提升。

（1）顺应时代要求，更新治理理念。

要想构建现代化的政府治理能力，将新媒体技术与相关理念相结合，政府必须转变以下错误观念。

★ 从全能统治型理念转变为放权服务理念。目前，社会大众不仅提出了参政议政的诉求，还具备参政议政、监督决策的能力。根据近几年的改革实践，政府治理能力现代化必须合理划分政府作用边界，建立有限政府，让政府从“管不好”与“不该管”的领域退出。

★ 以平等合作理念代替等级权力观念。目前，在互联网环境下，一大批民间组织相继崛起，组织动员能力不断增强。在此形势下，政府部门必须冲破等级观念，以平等的眼光看待这些民间组织，积极扶持，让这些组织充分行使参与权、监督权，使“强政府、弱社会”的状况得以改善。

★ 以参与协商取代主观专断。新媒体为社会大众提供一个自由表达意见、阐述观点的空间，让相关主体可以即时对话、沟通，政府部门无法再凭借独有的信息独立决策。在此情况下，政府部门必须改变主观专断的状态，“借民智、集民慧”进行决策，消除“民声”与“官声”对立，促使政民参与协商机制常态化。

（2）培育公民社会，夯实治理基础。

近年来，我国发生了很多群体性突发事件，表示我国大部分公民不能理性地对待公共事件，尚未形成文明治理时代的基本素质。要想改变这一局面，促使政府治理实现现代化，我国政府必须主动承担起引导公民社会形成的责任。

★ 我国政府要积极利用媒体宣传社会主义核心价值观。政府部门要以传统宣传为基础，通过与社会大众的双向交流互动引导其参与核心价值观的解读，保证传播方向可控，从而培养一批具有权威性的意见领袖，引导社会舆论向更加积极的方向发展。

★ 积极培育非营利组织，引导公民的社会参与。我国政府要根据非营利组织的现状，从法律层面对其性质、地位、权力、义务、作用等内容做出明确规定，为非营利组织的管理提供依据，强化非营利组织的自主自律意识与民主法制精神，保证非营利组织实现健康、可持续发展，让其成为促进公民社会发展的重要力量。

【案例】国家部委的“双微”试水运营之路

近几年，越来越多的国家部委开通了微博与微信，其中2013年和2015年是两个非常重要的节点。

2013年，大批国家部委入驻微博。在2013年的国务院常务会议上，“政府信息公开”被提起3次，国务院办公厅2次印发文件，明确“政务双微”是除“政府新闻发言人制度”“政府网站”之外的第三种政务公开途径。2013年12月，国务院办公厅政府信息公开办公室入驻微博，开通官方微博“中国政府网”。此后，国资委、证监会、保监会、中科院等国家部委相继开通官方微博。

在2013年4月20日雅安地震发生之际，国资委开通了官方微博，利用微博信息来源广、传播速度快的优势，将央企、国企在灾区的救灾情况第一时间发布出来。之后，国资委主导组建央企微博微信矩阵，通过各种新媒体渠道对国企、央企的日常情况进行通报，一方面增进了普通民众对国资委及国企、央企的了解，另一方面激发了社会大众参与国企、央企监督管理的积极性。

图2–10　国家各部委官方微博

2013年11月，国家食药监局、国资委、民政部、商务部等7个部委的官方微博联合推出了“部委微博开放日”、微访谈系列活动，各部委的新闻发言人或业务司局干部任访谈嘉宾，聚焦各自业务领域的热点问题，与全国各地的网民直接对话。在活动开展期间，7个部委共收到1783个提问，回复133个。

2015年，李克强总理提出“互联网+”，此后，政务管理开始与互联网深度融合。根据腾讯发布的《2015年度全国政务新媒体报告》，2015年国家各部委的微信号开通率达到了40%。根据新华网舆情监测分析中心发布的《2015年全国政务新媒体综合影响力报告》，2015年中央机关政务通过新媒体发布的稿件超过47万条，覆盖人数超过2.8亿人。

◆ **打卡**

通过政务微博、微信的受欢迎程度，政府可以发现社会大众最关心的话题，审视政务公开程度。

在国务院的25个部门中，公安部是开通微博时间最早、收获粉丝最多的一个部门。起初，公安部的微博名为“公安部打四黑除四害”，2019年

1月1日更名为“中国警方在线”。截至2019年5月30日，“中国警方在线”的粉丝量为2945万人，发布微博7万余条。另外，外交部欧洲司官方微博“中欧信使”也积累了大量粉丝。截至2019年5月30日，“中欧信使”的粉丝量达到了1762万人，发布微博3万余条。

这些国家部委的官方微博之所以备受欢迎，与其用词用语接地气、实用性强、内容更新频繁有很大关系。比如，“中国警方在线”的微博涵盖了各地公安动态、安全提醒、寻人信息、社会热点话题等方方面面，内容实时更新，节假日期间也不间断。

◆ **实用**

因为功能侧重点不同，所以微博、微信在政务公开中扮演的角色也不同。微博的功能优势是发布信息速度快，微信的功能优势是可以与政府的业务系统对接，让社会大众通过微信办理一些事务。另外，还有一些政府部门的官方微信公众号设置了举报功能。

比如，微信公众号“中央纪委国家监委网站”，点击子栏目中的“四风举报”按钮就能进入“中央纪委党风政风监督室”界面，进行一键举报；点击右下角的“微信大厅”就能进入一个汇聚了仅20个省份的纪委公众号的界面，可实时查询各个省份扫黑除恶动态。

另外，环保部、住建部联合开通的“城市水环境公众参与”微信公众号不仅支持黑臭水体举报，还带有自动定位功能。工作人员可根据举报位置迅速前往现场调研。

除此之外，政务微博还可以辟谣。比如，2019年，公安部与微博推出了“全国辟谣平台”，由全国189个网警巡查官微和各地公安局的平安系列微博在线接收群众举报，对网络谣言进行处理。

图2–11 “中央纪委国家监委网站”微信公众号

图2–12 “城市水环境公众参与”微信公众号

政务微信公众号还具有查询功能。例如，教育部官方微信“微言教育”不仅支持查询文件，还支持查询学历、学位、国外学历、硕士专业等。财政部的微信公众号还支持考试报名，比如中高级会计考试、注册会计师考试、资产评估师考试等。

第三章

舆情管理：推进新时代的网络强国建设

新媒体网络舆情的概念、特征与挑战

网络舆情的概念与主要特征

进入新媒体时代之后，移动通信技术与互联网技术迅猛发展，人们获取信息的渠道越来越多，如微博、微信、知乎等。对于政府来说，可以利用新媒体扩大影响力，获取更多民众的信任；对于普通民众来说，可以利用新媒体获知政府的最新动向，对政府政策进行深入解读，为政策落地提供支持与助力，也为中国社会民主化进程起到积极的推动作用。

新媒体的发展固然给政府带来很多好处，但也有一些问题需要引起政府注意。在新媒体时代，社会舆论传播从主流媒体传播转变为公众传播，传播媒介从传统的报纸、电视转变为微博、微信公众号、新闻客户端，意见领袖成为舆论的主导者。

有些媒体为获得更多关注，故意歪曲事实、编造信息，如果主流媒体不能及时回应，就会让社会大众产生误解，造成不良的社会影响。而在引导网络舆情方面，政府经验不足、能力有限，采取的方法主要以控制为主，很容易引起社会大众的不满，无法对网络舆情的发展方向做出精准掌控。

◆ **网络舆情的概念**

网络舆情是指在一定社会空间内民众针对各种社会现象、社会问题所表达的信念、态度、意见、情绪的总和。在新媒体时代，民众表达观点的平台越来越多，舆情发生频率、发生概率持续增长。如果政府不能对网络舆情进行有效引导，社会上的负面舆论过多，就会导致民众对政府的信任度下降。更有甚者，在个别媒体的刻意挑拨下，很有可能爆发群体性行为，给社会秩序、社会安全造成严重危害。为此，面对网络舆情，政府必须进行有效引导，树立积极的政府形象，为社会安全、社会稳定提供强有力的保障。

◆ **网络舆情传播的特征**

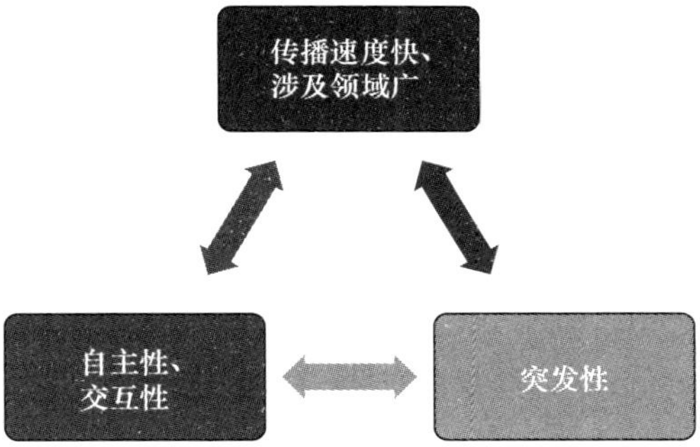

图3-1　网络舆情传播的特征

（1）传播速度快、涉及领域广。

在互联网时代，信息传播的时空限制被彻底打破。无论哪个地区发生新闻事件，人们都能通过互联网在第一时间获知事件详情，了解事件的来龙去脉。另外，相较于传统媒体，新媒体传播信息的速度越来越快，信息传播方式多种多样，视频、图片、音频等都可以用来传播信息，使信息的可读性、趣味性大幅增强，使新闻事件的传播范围、影响范围得以进一步拓展。

（2）突发性。

网络舆情涉及的领域极多、范围极广，只要话题与网民利益有关，就能迅速吸引网友的注意，实现井喷式传播。

2018年5月14日早上7点左右，四川航空某航班的挡风玻璃突然破裂，机长临危不惧，实施紧急迫降，最终使飞机成功着陆，挽救了超百人的生命，成功地避免了一次空难，此次航班的机长被人们称为“英雄机长”。该事件发生后不到24小时，就被主流媒体、社会媒体争相报道，受到了大批网友的自发传播，川航机长的英雄事迹传遍了千家万户。

（3）自主性、交互性。

网友对某个网络话题产生兴趣后，就会通过点赞、转发、评论等方式发表自己的观点，表达自己的情绪。随着发表意见的网友越来越多，一个小小的话题就会发展成为网络舆论。在网友转发、评论的同时，主流媒体、社会媒体、网民之间也会进行信息交流与传递。由此可见，在新媒体环境下，信息传播有很强的自主性。

2018年3月，某女孩乘坐滴滴顺风车遇害，该事件发生后几个小时，相关话题就出现在微博、微信公众号、微信朋友圈、知乎等社交平台上，引起了民众广泛关注。短短几个小时，滴滴就被置于风口浪尖。当然，也有一些话题起初并未引起社会大众关注，但经过部分媒体的传播，这些话题一旦受到关注，就会在很大范围内产生影响，互动性极强。

新媒体时代政府舆情引导面临的挑战

在新媒体时代，网络话题多种多样，网络舆情变化速度快、传播速度快，具有很强的突发性、自主性。在此情况下，政府必须做好网络舆情引导，将舆情控制在可控范围内，以免对社会稳定造成威胁。通过对网络舆情进行正确引导，政府可以安抚民众情绪，引导民众保持理性，给社会媒体、自媒体一定的时间和空间对话题进行处理，还原事件真相。同时，政府还能在网络舆情引导中掌握主动权，对社会民主化进程起到强有力的推动作用。但在人人都是自媒体的新媒体时代，政府要想做好网络舆情引导并不容易，它面临着以下几大挑战：

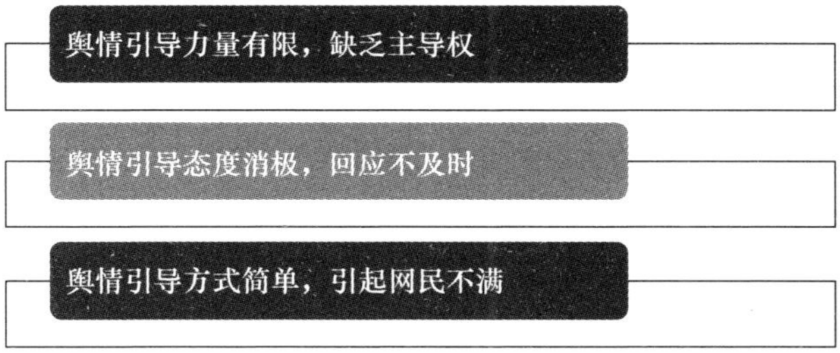

图3-2　新媒体时代政府舆情引导面临的挑战

◆ 舆情引导力量有限，缺乏主导权

当前，虽然主流媒体账号的数量越来越多，但对网络舆情的引导作用却迟迟没有提升。另外，各级政府账号的运营情况也存在很大差异，共青团中央的微博账号被转发次数最多，与网友的互动次数最多，其他账号表现要差一些。

政务新媒体账号开通的初衷是为民众了解政务信息提供方便，但很多政务新媒体账号开通后，关注的人非常少，对政府信息传播造成了一定的制约。还有部分政务新媒体账号获得了一定的关注度，但信息发布少、更新慢，账号几乎处于停用状态，不仅无法发挥出应有的作用，还给网友留下了政府不作为的印象。

◆ **舆情引导态度消极，回应不及时**

互联网使信息传播速度越来越快，与政府有关的信息，尤其是不良信息的传播速度更快。根据心理学家约翰·卡乔波（John T. Cacioppo）的理论，人类的大脑有一种“负面偏好”机制，对负面消息非常敏感，而且认为坏消息比好消息更重要。所以，负面消息往往会引起更多人的关注，受到相关人士的深度解读，引发人们的无限联想。在这种心理机制下，政府部门一旦出现负面消息就会迅速传播开来，给政府形象造成严重损害。

面对这类新闻，有的政府部门会立即做出回应，有些政府部门则放任不管，等待事情自然冷却，这种做法往往会加剧民众的不满情绪，给政府形象的塑造造成严重不良影响。

◆ **舆情引导方式简单，引起网民不满**

网络空间具有开放性、匿名性的特点，为网民表达意见与建议提供了诸多渠道。随着网民数量不断增长，将有越来越多的人有机会了解到最新的新闻，获知事件发展进程，表达自己的看法与观点。

一直以来，面对网络舆情，政府部门使用的是传统媒体时代的管控方式，这一方法在新媒体时代并不适用。因为在新媒体时代，信息传播速度非常快，传播范围极广，如果政府不能及时对网络舆情事件做出回应，及时处理，就会导致舆情不断发酵，引起网民的强烈不满，使网民对政府的信任度不断下降。

政务新媒体在舆情引导中的新思维

近几年，随着互联网、移动互联网不断发展，社会上出现了很多新媒体平台，微博、微信等平台已成为人们获取信息的主要渠道。民众以这些新媒体平台为依托交流信息、发表意见，逐渐形成了网络舆论场。

随着新媒体的舆论影响力不断提升，政府开始加大对政务新媒体的关注，希望利用政务新媒体对舆情进行引导，对社会建设、社会治理提供一定的辅助。为做好舆情引导，政务新媒体应坚持三种思维，即预防思维、互动思维和治理思维。

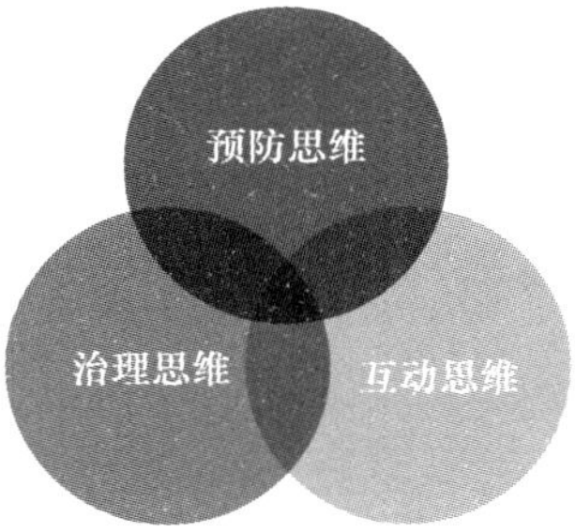

图3–3　政务新媒体在舆情引导中的新思维

◆ 预防思维

根据网络舆论生命周期理论，网络舆论发展要经历三大阶段，分别是酝酿阶段、爆发阶段和消散阶段。在舆论酝酿阶段，信息随机传播，舆论状态不明。所以，面对网络舆论，相较于事态明确之后进行疏导来说，提前预防效果更好。

在对网络舆情进行引导时，相关人员必须秉持“预防”思维，在前期对舆论进行密切观察，在舆论萌芽阶段及时介入，发现问题，解决问题，将舆论可能造成的负面影响消灭在萌芽阶段，防止舆论愈演愈烈导致局面失控。

一般来说，舆论治理机制由六大部分组成，分别是监测、发现、识别、研究、指派、处理。目前，大部分政府部门是在舆论形成之后采取措施进行处理的，经常会造成因为处理不及时导致民怨沸腾的不良局面。

所以，面对网络舆情，政府要全程参与，关注民众诉求，改变根据新闻事件的转发量对事件舆情程度进行定性的方式，积极主动地披露事件真相，以免有心之人趁机作乱。如果政府能在事件发生到一定程度之前对其进行有效处理，不仅能维持社会稳定，还能树立起良好的口碑，获得民众的支持与信任。

◆ **互动思维**

互动思维倡导政府部门与民众积极互动，通过互动发现民众诉求，主动干预，及时进行处理与引导，以保证事件得到科学处理，民众诉求得到有效满足，从而在网络舆情引导中掌握主动权。面对网络舆情事件，政府部门要贯彻习总书记“4·19”重要讲话精神，将“六个及时”全面渗透到网络舆情引导工作之中，实现信息融合与资源共享，保证政民沟通的畅通性、有效性，保证线上、线下政务处理的一致性。

政府部门必须清楚地认识到，在移动互联网时代人人都是自媒体，人人都可以发表、传播言论。基于这一清醒认知，发现网络舆情后，政府必须利用政务新媒体在第一时间发声，对民众进行正确引导，让民众对事件产生正确认知，保证舆情引导效果。

◆ **治理思维**

除预防思维、互动思维之外，政府必须具备治理思维，及时发现问题、处理问题，面对日常事件、突发事件，及时采取有效措施予以应对。目前，政府常用的引导网络舆情的方式有两种，一是舆情应对，二是舆情引导。

在形式逻辑方面，舆论引导与舆情应对没有太大区别，都是面对网络舆论做出的反应。但从本质上来看，舆情应对往往在事件发生后，是一种事后补救行为，比较被动；舆情引导则发生在事件萌芽阶段，从源头对事件进行治理，防止事件扩大，是一种事前预防行为，具有较强的主动性。

政府部门要秉持治理思维处理网络舆情，不仅要及时发布信息，还要对文章措辞进行反复斟酌，防止受众误读、误解。另外，政府部门要敢于听实话、听真话，从逆耳忠言中提取有价值的信息，有针对性地对各项工作进行调整、优化，从根源上防止网络舆情产生。一旦发现网络上出现恶意造谣事件，政府部门要及时干预，披露事件真相，依法对相关责任人进行处理，粉碎谣言，警示民众，防止这类事件再次发生，保证网络舆论的正能量。

【案例】上海交警："教科书式执法"的启示

2018年5月13日下午，上海执勤交警在某公园附近的道路上发现了一辆无牌车辆，随后，交警依法对驾驶人进行问询，在口头传唤，发出了三次警告之后，驾驶人依然不出示驾驶证，交警使用了催泪瓦斯。整个执法过程吸引大量群众围观，甚至有群众拿着手机拍照、录像，交警均未阻拦。事情结束后，有网友将相关视频上传到网络，得到大量网友的称赞，被称为"教科书式执法"，并引起了热议。

在此次事件中，舆论发酵经历了一个过程。2018年5月13日下午，在执法事情发生后，@天中捕快上传了一段名为“现场民警依法使用催泪剂”秒拍视频，转发、评论的人数都比较少。5月17日，@新浪视频、@人民日报、@央视新闻等主流媒体对该事件进行了转发评论，吸引了大批网友关注，舆情量骤然增加。5月18日，上海警察“教科书式执法”的相关内容进一步传播，人民日报官方微信公众号发布了一篇名为《这段视频火了！网友点赞“教科书式执法”》的文章，奠定了舆论基调。之后，“央视网”“中国新闻网”“新浪网”等媒体对该事件进行进一步报道，推动舆论进一步发展，让舆情达到了顶峰。

在整个过程中，微博平台的信息传播量最高。作为国内主流的网络社交平台之一，微博支持用户随时随地发布信息，让每个人都有机会成为媒体人。“上海警察‘教科书式执法’引热议”事件起源于微博，舆论主阵地也是微博。正是在@人民日报（政府官微）、@头条新闻（媒体官微）、@天中捕快（自媒体）等推动下，该事件的相关信息才实现了快速传播与扩散，吸引了大量网友关注。

信息传播量第二高的是新闻网站，虽然新闻网站的信息传播量不如微博，但其凭借强大的影响力引导舆论向正确的方向发展。其中，“中国长安网”发布的《“教科书式执法”视频火爆，那是对“看得见”公平正义的呼唤！》，“搜狐网”发布的《这段“教科书级”警察执法视频火了，网友：最后说得真好……》等文章被大量转载，成为热门文章。

另外，在此次舆情事件发展的过程中，新闻客户端也发挥了极其重要的作用。因为很多新闻客户端都推出了自媒体账号功能，使得很多自媒人在此发表文章，阐述自己对事件的看法，促使相关信息得以进一步传播。

对这场“教科书式执法”进行研究可以发现，它就是一次正常的执法活动。从网友上传的视频来看，交警发现无牌车辆之后按步骤执法，看到群众录像不加阻拦，坦然接受群众监督，执法过程用语规范、动作果断，自然获得了群众的支持与理解。回顾整个事件，我们发现这场执法活动有几点值得深思。

◆ 镜头下执法是回归理性的必由之路

在互联网时代，执法者必须适应镜头下执法。只要执法过程、执法结果不会受到不良影响，执法者就要接受镜头的监督，让民众看到整个执法过程。这样一来，即便有有心之人恶意造谣中伤，民众也不会轻信谣言，不会对执法者产生质疑，有利于社会舆论回归理性。另外，民众对法治精神的理解非常简单，就是公平、公正、公开，这六字箴言在此次事件中得到了充分印证。执法者只有做到公平、公正、公开，才能让法治精神深入人心，这是执法者在新时代环境下必须接受的挑战。

◆ 知法懂法是执法者最深的底气

执法者只有知法懂法才能做到公平、公正、公开。知法懂法就表示执法者要充分了解法律的适用范围，了解法律的渊源。知法懂法，执法者就会敬畏法律，就会秉持审慎的态度执法；在面对执法对象时，执法者就知道哪些可为，哪些不可为。这场“教科书式执法”给执法者注入了强心剂。此后，面对违法行为，执行者会严格按程序执法，正确行使法律赋予的权利，采取一切经得起法律考量、经得起人民审视的行为与措施，真正做到存公心、谋正义。

◆ 让公平正义被看见是法治宣传的要义

上海警察“教科书式执法”事件遇到的情况、采取的操作为执法者规范执法做出了科学示范。只有全社会形成“办事依法、遇事找法、解决问题用法、化解矛盾靠法”的习惯，法治共识的作用才能得到充分发挥。在此次事件中，上海警察按章程执法的行为得到了社会大众的称赞，说明只要执法者按流程执法，就能获得社会大众的信任。所以，执法者依章程执法不仅是对违法行为的整治，还是对法治的重要宣传。对于执法者来说，在执法过程中体现公平正义是其内在责任与使命。

新媒体环境下舆情应对与引导的对策

加强整合优化，打造传播矩阵

主流媒体也好，网络媒体也罢，都不能为了吸引大众眼球发布虚假内容，不能在不了解事情真相的情况下轻易地下结论，更不能用骇人的标题博取关注度，必须保证内容真实准确，标题规范合理，对事情的来龙去脉了如指掌。

作为政府机构的发言人，主流媒体的一言一行都代表着政府。正因如此，主流媒体发布的任何消息都能轻而易举地获取大众信任。如果主流媒体歪曲事实、断章取义，就会造成非常严重的后果。所以，主流媒体的运营人员必须具备极高的专业素养，尊重事实，不偏激、不引战，引导群众理性地看待事件，有序地参与讨论。

在内容方面，主流媒体发布的内容必须符合事实，必须立足于客观事实与社会道德理性地表达观点，既要追求自身利益，又要维护社会公德，不造谣、不传谣，承担起相应的社会责任。

在新媒体时代，网络舆情传播速度快、涉及范围广，在互联网、移动互联网的作用下，网络舆情从爆发到传播之间的用时越来越短，一旦爆发就很难遏制，给政府舆情引导带来巨大的挑战。再加上，现阶段主流媒体对网络舆情的引导力量不足，引导方式过于单一，而社会媒体的道德素养又有待提升，导致网络舆论难以控制。

在这种情况下，政府要想做好网络舆情引导与应对，必须对政务新媒体进行优化整合，打造横向到边、纵向到底的政务新媒体矩阵，推动各个新媒体政务平台融合发展。政务新媒体矩阵建立之后，不同类型的政务新媒体可以实现优势互补、联合互动，秉持“快报事实、慎报原因、重在态度”的原则，将不同政务新媒体的力量整合在一起，引导网络舆情向积极健康的方向发展。

2017年4月，“@滨海发布”以增进与网友的互动，增强自身传播力与服务力为目的，连续开展了12场直播活动，其中长征七号火箭发射直播吸引了大量网友围观，获得了大量点赞，单条微博曝光量就达到了314万，评论达到了上千条。另外，“@滨海发布”构建的政务新媒体矩阵也起到了一定的作用，不仅增进了与网友的互动，还在线为网友转办问题，并得到了相关部门的回应，为服务型政务微博的打造做出了有益示范。

在政务新媒体的作用下，政府与社会大众之间的沟通变得更加便捷，政府服务社会的能力得以显著提升。基于这些优势，政务新媒体获得越来越多政府机构的青睐。经过几年时间的发展，政务新媒体相继崛起，多元化、集群化的政务新媒体格局逐步形成。如果公共部门只利用自己的政务新媒体传播信息，很难造成太大影响，必须联合其他部门的政务新媒体共同发声，从而提高自身影响力。

目前，政务新媒体一家“独唱”的格局被逐渐打破，对于这一点，公共部门已经有了较为清晰的认知，开始寻求团队协作、共同发声，以掌握话语权，扩大主流声音，在舆情引导中占据主导地位。

为此，公共部门开始建设政务微博发布厅，创建政务微信发布平台，开发政务客户端，构建政务新媒体矩阵，扩大信息张力，提高政府工作效率。在此情况下，对于政务新媒体来说，加快政务新媒体矩阵建设、构建政务新媒体集群化的格局是首要任务。

强化运营机制，及时回应整改

◆ 强化运营机制，把握引导话语权

政务新媒体创建的目的是对政府政策进行深入解读，增进社会大众对政府政策的理解，传播主流价值观，如果无人关注，这些目的很难实现。为了吸引更多用户关注，各地政府的政务新媒体必须提高自身的影响力，向优秀的账号学习，从内容、语言等各个方面对自己的账号进行改进。通过对关注度较高的政务新媒体账号进行分析可以发现，这些账号具有以下特点。

（1）账号主体人格化。例如，“共青团中央”以“团团”自称，塑造了一个呆萌可爱、积极向上的形象，备受网友喜爱。人格化之后，这个账号不再是一个简单的名称，而是像朋友一样会聊天，会撒娇，让人倍感亲切，不自觉地想与之亲近。

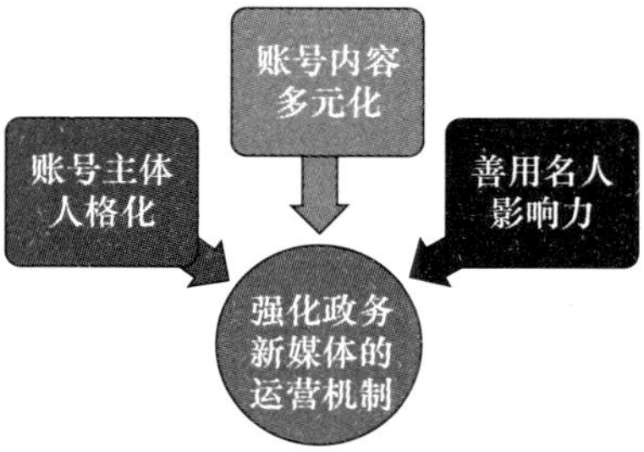

图3-4　强化政务新媒体的运营机制

（2）账号内容多元化。“共青团中央”的微博账号十分熟悉网络词汇，经常使用表情包，时而梳理新闻热点，时而发布实用技能，内容十分丰富，而且紧跟时代发展潮流，契合年轻网友的阅读习惯。目前，在网络用户中，年轻用户是主力军，只有获得年轻用户的喜爱，才有可能影响更多年轻人。

（3）善用名人影响力。“共青团中央”每年都会举办“全国向上向善好青年”推选活动，入选人员包括张艺兴、杨洋等有影响力的明星，借助明星效应，使自身的影响力不断扩大。

总而言之，各级政府都要正视新媒体的力量，做好新媒体账号的经营工作，保证内容质量，提高内容发布频率，提高自身影响力。

◆ 端正舆情引导态度，及时回应整改

首先，面对民众的评论，政府要虚心接受，有则改之，无则加勉，不能强力禁言。

其次，如果网络上出现“一边倒”言论，政府要主动进行疏导，对于虚假信息及时回应，让民众了解事情的原委。互联网为民众表达观点、发表意见，为政府听取民众声音提供了一个便捷的渠道，在看到民众反映的情况之后，政府要立即核实，如果情况属实，要立即通过政务新媒体做出

回应，对事件处理进展进行跟踪，直到事情完美解决为止；如果事情不属实，政府要及时澄清，给出一个能令民众信服的解释，以免谣言过度传播酿成大祸。

最后，政务新媒体搭建了一座政府与民众沟通的桥梁。政府通过主流媒体听取网友评论，对网友关心的问题做出回应，为民众解释政策，澄清谣言，在与民众沟通的过程中获取民众信任，与民众开展良性互动。

◆ **政府要对舆情引导方式进行创新**

（1）政府要利用大数据技术对网友最关心的话题进行分析，明确舆论传播原因、舆论传播路径、网友参与方式，对网络舆情的最新发展动向进行监督，做好提前预防。

（2）政府要主动设置新议题，吸引网友参与讨论，分散舆情焦点，将不涉密信息主动公布出来，减少民众对政府行为的臆测、怀疑，尊重民众的声音，听取民众有价值的意见与建议，对不恰当行为进行整改，增强民众对政府的信任，在与民众的理性互动中对其产生正向影响。

（3）政府要尝试创新表达方式，除政务微博外，政府可以利用的新媒体还有很多，比如知乎、问答等。政府部门可以利用这些新媒体在线解答民众疑问，通过短视频与民众面对面沟通。相较于通过各种媒体平台解读政策来说，政府以面对面沟通的方式回答网友的提问传达出来的信息更加准确，可以很好地避免民众误读政策等情况发生。

培养意见领袖，抢占舆论阵地

在传播学中，意见领袖指的是在人际传播网络中为他人提供信息、对他人施加影响的人。在大众传播的过程中，这类人相当于传播中介，可以对信息进行过滤，将信息传播给更多民众知晓，让信息形成两级传播。在互联网环境中，意见领袖的身影随处可见，他们拥有百万级、千万级的粉丝，一举一动、一言一行都会对成千上万的人产生影响。从某种意义上来说，意见领袖就是网络舆论的发源地。

由此可见，在政务信息传播过程中，新媒体意见领袖发挥着至关重要的作用，培养新媒体意见领袖已成为政府巩固舆论宣传阵地，在新闻舆情引导中占据主导地位的重要方法。随着新媒体逐渐多元化、社会化，在民间舆论场中，意见领袖将发挥越来越重要的作用，不仅可以影响社会大众对事件的态度，还能产生一呼百应的效果。为此，政府部门要有计划地培养意见领袖，让他们在政务信息传播、正确舆情引导过程中发挥积极作用。

那么，政府部门要如何从行业意见领袖中挑选到合适之人，将其培养成政务新媒体意见领袖呢？在挑选意见领袖的过程中，政府部门要先观察他拥有的粉丝数量，通过日常发布的内容判断其观点是否客观，思想是否积极，言论是否具有建设性等，通过综合评价判断其是否可以发展成为政务新媒体意见领袖。在选到合适人选之后，政府要按流程对其进行培养，扩大其知名度与影响力，从各自所属行业拓展到整个舆论范围，以提高政务信息传播速度与质量，达到事半功倍的效果。

随着传统媒体、新媒体实现融合发展，政府部门要加快政务新媒体建设，通过政务新媒体增强舆情引导力。面对重大突发事件，传统媒体的内容制作与发布需要一定的时间，如果政府不能第一时间发声，很有可能错失发布权威信息的最佳时机，导致网络上谣言四起，使整个事件的舆情向错误的方向发展。

而政务新媒体可有效避免此类事件发生。以互联网为依托诞生的政务新媒体打破了时空限制，再加上新媒体传播具有及时性、裂变性，可在重大突发事件发生后立即抢占舆论制高点，对整个社会舆论起到积极的引导作用。

在社会舆论生成与引导方面，新媒体发挥的作用已毋庸置疑。在未来的“网络问政”中，政府通过政务新媒体发布权威信息、回应民众诉求是大势所趋。作为公共部门与社会大众的连接者，新媒体发言人不仅可以对新闻舆论进行积极引导，还能疏通民意、回应网友建议与质疑，密切与网友的关系，获得网友的支持与信任。

基于新媒体传播的特点，新媒体发言人必须具备以下素质与能力：新媒体发言人要掌握新媒体传播规律，能够熟练运用新媒体的语言表达方式与技巧，面对官方话语与新媒体话语的冲突进行灵活转化，用社会公众喜闻乐见的方式准确、全面地传达政府声音，增进民众对这些信息的理解。但目前，政府部门的新媒体发言人制度尚未成熟，新媒体发言人的设置与管理正处在探索阶段。所以，现阶段，政务新媒体建设的首要任务就是建立健全新媒体发言人制度。

把握“望闻问切”的基本原则

随着移动互联网不断发展，问答社群、微信群、科普网站、网络直播等新型网络社群迅速崛起，成为非常重要的舆论载体，形成了具有较强影响力的民间舆论场。有些政府部门没有认识到这一点，导致舆情爆发。面对这一问题，政府部门可以从“望闻问切”着手，处理好与这些新型网络社群的关系，提高网络舆论引导能力。

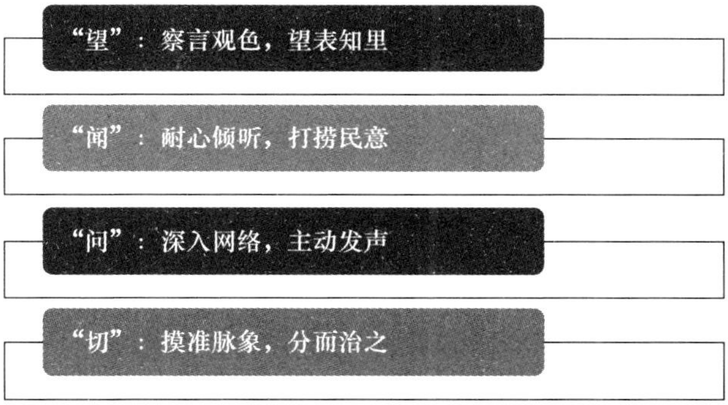

图3–5 “望闻问切”的基本原则

◆ “望”：察言观色，望表知里

首先，政府部门要组建一支专业的舆情管理团队，增进对自媒体话语体系和表达方式的了解，增进对新媒体平台的了解，对网民心态进行深入洞察。

其次，政府要以舆情监测平台为依托，借助大数据等技术的支持，充分发挥网评员、信息员的主观能动性，对知乎、贴吧、果壳等新型网络社群上的热门话题、敏感舆情进行实时监测，建立每日信息汇总与上报制度，对网络舆情动态进行实时掌握。

最后，政府要实时了解本区域网民对微博、微信等平台的使用情况，对活跃度较高的社交组群进行网络调查，形成检索目录，进行实时监测，密切掌握本地舆情发展态势。

◆ “闻”：耐心倾听，打捞民意

政府在发布重大政策时，或在突发事件发生时，要重点关注活跃度较高的网民发表的言论，尤其是意见领袖的言论，及时与其沟通，达成共识，形成舆论引导合力。

同时，在日常运营过程中，政务新媒体的运营人员要有意识地收集各社交平台上的网民舆论，发现网民关注度最高的内容与话题，及时向上级领导反馈，由上级领导组织调查，及时做出回应。一旦发现谣言，政府人员要及时介入，通过有力的证据澄清谣言，并采取法律手段对谣言发起者、传播者进行处置，引导社会舆论向积极的方向发展。

◆ “问”：深入网络，主动发声

目前，一些政府的官方网站、政务微博、政务微信公众号仍在单向传播信息，互动功能不足，面对网民提出的质疑刻意回避，甚至关闭评论功能，拒绝与网民沟通。有些政府部门进行“公关式传播”，与媒体、公众的交流囿于两套话语体系，虽努力进行舆情引导，却达不到应有的效果。

要想解决这一问题，政府部门必须在移动端投放更多精力，在微博平台及时回复网友提出的具有代表性的问题，在微信平台撰写有针对性的公众号文章，发动网民、媒体、政务自媒体等平台转发文章，形成扩散传播，并着手发展政务微视频、政务直播等新型传播方式。除此之外，政府要鼓励领导干部在知乎、微博、微信等平台开通个人账号，形成自身特色与个人品牌，从而对舆论进行有效引导。

◆ “切”：摸准脉象，分而治之

政府要注意收集网络原始信息数据，通过对这些数据进行细化处理，把握特殊人群或重点人群的需求，实现精细化管理与个性化管理。例如：面对因情感表达引发的集群行为，政府要积极引导，防止出现民众过激行为；面对因法治事件引起的以维护正义为目的的网络集群行为，政府要对网民反映的问题进行核实，如果情况属实，要依法处理并将处理结果通过新媒体平台发布出来；面对因利益诉求引发的集群行为，政府要积极听取民众呼声，了解民意，完善相关工作；面对蓄意破坏性的网络集群行为，政府要做好监督与审查，对严重危害社会的违法集群进行严厉禁止。总而言之，面对网络集群行为，政府要根据情感、利益诉求、心理动机等因素，有区别地进行处置。

新型网络社群对网络舆论格局产生了一定的影响，要求政府部门创新舆情引导方式，提高信息公开程度，与民众进行平等对话与沟通，创造多元化的沟通渠道，以增进政府对网民的了解，增强双方互信。

【案例】湖北政府：政务微博的舆情引导策略

一般来讲，政务新媒体具有两大特征：

（1）便捷性。政务新媒体打破了政民沟通障碍，政府可以利用微博、微信、客户端等政务新媒体平台即时发布信息，民众可以利用这些新媒体平台进行反馈，或对信息进行二次传播，政府与民众可以开展高效互动，政府部门的公共管理工作可以顺利开展。

（2）延伸性。事实上，政务新媒体是政府权威性在互联网平台上的延伸。各级党政机关及政府部门的政务新媒体都有专门的认证标识，会遵循相应的职责发布权威信息，将互联网时代的符号传播功能充分发挥出来，在社会上树立良好的威信与口碑。

政务新媒体舆情引导有两种类型，一是日常引导，二是公共事件引导。日常引导主要是通过对微博、微信、客户端的信息进行及时更新，正面回应舆论热点与社会诉求，制定科学的发布程序等方式，对民众舆情进行引导，让社会大众在掌握正确世界观、价值观的基础上，对新闻事件做出理性分析与判断。公共事件引导则是通过线上线下相结合的方式，在线上全面呈现事件发展进程，在线下对民众反应进行观察与引导，通过增强与传统媒体的结合对舆情进行引导。

例如，“平安武汉”“平安武昌”等政务新媒体不仅每天发布安全科普或相关政策法规等信息，还通过“警情通报”栏目及时向社会大众通报警情，澄清谣言，防止舆论失控。以2017年2月发生的“武昌火车站恶性刑事案件”为例，事件发生后，社会上人心惶惶、舆论哗然，有些民众担心犯罪分子逃脱造成更大危害，有些民众揣测犯罪分子的犯罪动机，对涉案人进行地域攻击，网络上的相关言论层出不穷。

为平息谣言，安抚民众的不良情绪，“平安武昌”在案发后3小时根据警方的追捕调查情况发布了案件处理通报，将犯罪嫌疑人的相关信息、案件发生经过清楚地讲述出来，及时回应民众提问，成功地遏制了负面舆论的传播。

湖北省人民政府新闻办公室的官方政务平台“湖北发布”也通过及时解答社会热点问题，回应政务舆情对舆论进行引导。例如在2018年5月3日，“湖北发布”通过微博、微信对社会上流传的“毛坯房要取消”言论做出了权威回应，发布《毛坯房要取消系误读！省住建厅回应：推行一体化装修≠取消毛坯房》文章，对相关政策进行深度解读。5月8日，“湖北发布”发布文章对网络上流传的“武汉已有2万余人因吃草莓感染SB6病毒”的谣言进行澄清，安抚民众的不安情绪。

这些事例说明，湖北政务机构已经开始广泛利用政务新媒体开展舆情引导工作，将政务新媒体在舆情引导中的作用充分发挥了出来。

第四章

运营攻略：打造优质的政务新媒体账号

政务新媒体账号的基本操作与技巧

政务新媒体的账号命名与技巧

账号名是政务微博、政务微信、政务抖音等政务新媒体被网民认识并关注的关键所在，设置一个合适的账号名，可以让公众快速了解政务新媒体的职能，对开展后续运营工作有非常积极的影响。下面分享一些实用的政务新媒体账号命名技巧，以便为运营人员提供经验借鉴。

◆ **从字数上看**

政务新媒体账号名并没有严格的字数限制，这使账号命名具有较高的灵活性，但由于用户使用的智能手机等移动终端屏幕相对较小，当字数过多时，导致部分文字无法显示，从而给公众带来一定的不便。对大量政务新媒体账号名进行分析，不难发现，绝大部分的政务新媒体账号名字数为4～9个，比如“天津旅游”“广东发布”“新疆共青团”“衡水交警微发布”等。

字数在4个字以下或10个字以上的政务新媒体账号名相对较少，前者的典型代表包括“新东光”“微泊头”等；后者的典型代表包括“中南财经政法大学团委”“河南财经政法大学团委”等。

◆ 从语法上看

在语法方面，政务新媒体账号名使用的主流语法包括偏正、主谓、动宾。“美丽宣化”“上海消防”“平安成都”等，都属于偏正语法命名的政务新媒体。由于偏正语法在同时展现部门和地区信息方面的优势，使其受到了广大政务新媒体从业者的青睐。“安徽公安在线”“厦门警方在线”“佛山发布”“沈阳发布”等则属于主谓语法命名的政务新媒体，采用这种语法命名的政务新媒体数量也非常多。“法治西安”“法治成都”“善行正定”“聚焦邯郸”属于动宾语法命名的政务新媒体，不过，采用这种语法命名的政务新媒体数量相对较少。

◆ 从符号上看

政务新媒体根植于新媒体平台，而新媒体具有开放、自由等特性，再加上网民追求简洁、个性、时尚等，促使部分政务新媒体在账号命名时引入了多重符号组合的形式。在账号名中加入符号，对提高政务新媒体账号的视觉感染力有着较为积极的影响。

比如，井陉县公安局采用拼音命名政务微博“jingxingxiangonganju”；昌黎县国土资源局则采用“汉字+字母”方式命名政务微博“昌黎县国土资源JU”，河北省秦皇岛市昌黎县团林乡人民政府也采用了类似做法，其微博账号名为“团林发布ing”，“ing”在英语语法中有“正在进行时”之意，将其加入账号名中，可以向网民传递“团林乡人民政府实时发布政务信息”之意。

除了英文字母外，数字作为一种常用字符也被加入到了政务新媒体账号名中。有用于表现账号命名上线时间的，比如：河北省唐山市滦南县网信办将政务微博命名为“滦南发布2015”；河北省秦皇岛市卢龙县开发区司法将政务微博命名为“法治开发区2013”等。有用于对政务新媒体职能进行突出强调的，比如：青岛市公安局110指挥中心将政务微博账号命名为“青岛公安110”；北京急救中心将政务微博账号命名为“我在120上班”等。

此外，键盘符号也被运用到了政务新媒体账号名中，比如：河北省石家庄市赵县国土资源局将政务微博命名为“河北_赵县_国土局”；河北省张家口市万全县委宣传部将政务微博账号命名为“厚-德-万-全”；秦皇岛市山海关区安全生产监督管理局将政务微博账号命名为“区安监局——山海关”等。

账号名是展示政务新媒体形象的重要工具。同时将地区信息和部门信息加入账号名中，有助于提高账号名的权威性。考虑到不同政府部门职能特性、诉求等方面的差异，在给不同部门账号命名时尤其需要保持灵活性。比如：部分政府部门名称的字数相对较少，在账号命名时可以直接使用全称；而部分政府部门名称的字数相对较多，为了便于受众记忆，就需要使用简称。

需要指出的是，微博账号名称可以随时修改，当遇到部门调整等情况时，可以对账号名称进行修改，比如2018年3月，国务院总理李克强提请审议的国务院机构改革方案的议案中提出：“将文化部、国家旅游局的职责整合，组建文化和旅游部，作为国务院组成部门。”5月28日，文化部官方微博更名为“文旅之声”。但正常情况下，不建议频繁修改账号名，因为这会干扰用户记忆，对用户留存带来较大的负面影响。

政务新媒体的头像设置与技巧

账号头像在体现政务新媒体特征，以及形象建设方面发挥着重要作用。大部分情况下，账号名和头像会同时呈现在用户面前，因此，头像和账号名称是相辅相成的。设置一个既可以体现政务新媒体形象，又能迎合网络环境和受众需求的头像，是政务新媒体运营人员的一项重要工作。具体而言，政务新媒体运营人员可以从以下几个方面设置账号头像。

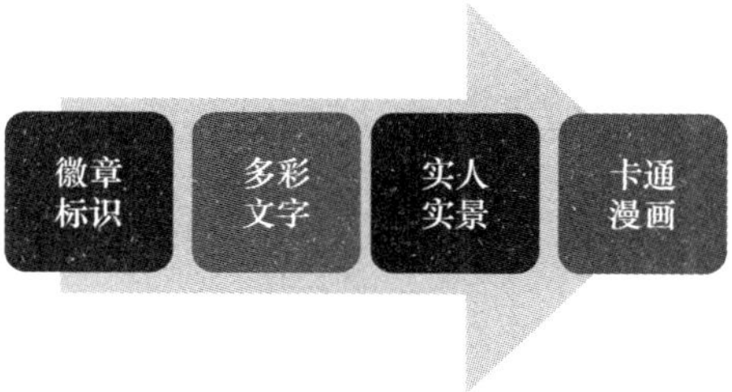

图4-1　政务新媒体的头像设置技巧

◆ **徽章标识**

在政务微博、政务微信、政务抖音等政务新媒体中，很多账号采用了徽章标识类头像。徽章是一种用于表示身份、职业、荣誉的标志，较为正式、严肃，可以体现专业性、责任感，特别是公安、司法政务新媒体将徽章标识作为头像，对受众的视觉冲击力尤为强烈。“公安部刑侦局”“广州公安”“最高人民检察院”“安徽检察”等政务新媒体账号都是将徽章标识作为头像。

◆ **多彩文字**

利用各种字体、字形、颜色等对汉字进行修饰，然后搭配某种底色，在设置政务新媒体头像中也较为常见。部分政务新媒体还将经过修饰后的文字和其他图像相结合来设置头像。比如河北省沧州市新华区检察院的账号头像使用了“沧州新华”几个文字，搭配中国检徽，简洁明了，可以很好地展示账号主体形象。

◆ **实人实景**

拍摄人或物的照片作为账号头像，在政务新媒体中也较为常见。团队活动合照、当地标志性建筑与账号主体部门办公楼照片等都可以用于设置政务新媒体账号头像。需要注意的是，头像中的人或物应该与账号主体存在密切关联，这样才能对政务新媒体的职能、形象等起到强调作用，使目标受众产生认同感、归属感。

◆ **卡通漫画**

卡通动漫类头像可以让政务新媒体形象更为活泼，拉近政府和民众之间的距离。卡通动漫类头像以账号主体部门工作人员形象的卡通化为主，或者使用具有较高辨识度、有着特定含义的动漫人物形象。比如：湖北省公安厅政务微博“湖北公安”将一位做出敬礼动作的卡通版警察设置为头像；河北高速交警总队廊坊支队政务微博“河北高速交警总队廊坊支队”将卡通人物黑猫警长设置为账号头像。国产经典动画《黑猫警长》使恪守职责、雷厉风行的卡通人物“黑猫警长”深入人心，具有极高的辨识度，将其设置为账号头像后，既能体现出账号主体的职能，又能增添几分幽默、亲切，唤醒人们童年的记忆。

需要注意的是，政务新媒体账号名称和头像共同推动着政务新媒体形象建设，因此，在设置头像过程中，运营人员需要考虑名称和头像的协调性。

综上来看，政务新媒体头像设置并非是固定的，除了上述四种方式外，运营人员还可以自主创新，探索新的头像设置方式，但无论采用何种方式，都应该确保其与账号主体部门的关联性，否则可能会令受众对账号的真实性产生质疑，对政务信息传播、政民互动、为民众提供政务服务等工作产生较大负面影响。此外，运营人员设置头像时，既要注重账号权威性和公信力，又要考虑亲民性，避免让民众产生较大的距离感。

政务新媒体新闻采编策略技巧

新闻采编能力是体现政务新媒体运营团队运营实力的重要指标。近两年，政务新媒体数量快速增长，想要吸引目标用户长期关注，为政务工作提供有力支持，提高新闻采编能力成为政务新媒体运营工作者的必然选择。

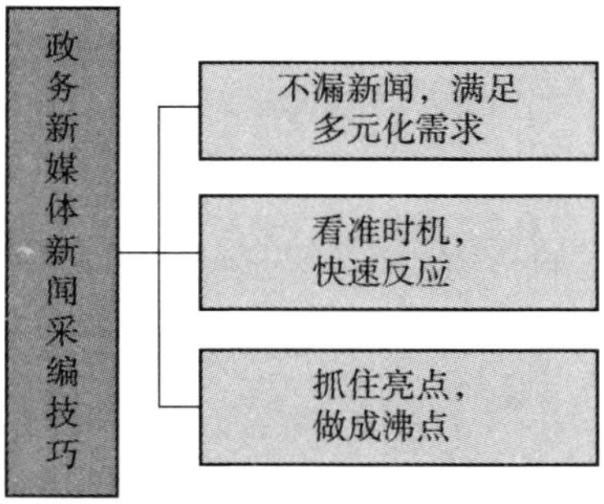

图4-2　政务新媒体新闻采编技巧

◆ **不漏新闻，满足多元化需求**

表面上，一些新闻可能和政务新媒体账号主体部门业务并无直接关联，但它们是目标受众重点关注的信息，政务新媒体运营人员可以结合自身的传播内容定位，对这类内容进行专业解读，从而使目标用户获取更为多元化的信息等。比如中国科技网尤其注重提高网站页面更新频率，使用户可以在第一时间快速了解到各类热点资讯。

当然，这需要政务新媒体运营人员对热门话题有较高的敏感性，并结合目标用户的个性需求，选取合适角度创作原创内容。长此以往，运营人员将使目标用户养成通过其政务新媒体获取实时资讯的习惯，从而积累大量忠实用户，实现强大的传播力和影响力。

◆ **看准时机，快速反应**

移动互联网时代，时效性对信息传播的影响大幅度提升。对于某一新闻事件，率先发声的政务新媒体更容易获得较高的关注，而且很多网民会先入为主，在心中留下深刻印象，反应慢的政务新媒体将很难吸引他们的关注，更不用说产生预期引导效果。因此，政务新媒体的新闻采编尤其需要注重信息的时效性，尽可能地选择那些具有较高关注度的素材，并做出快速反应，掌握传播主动权。

◆ **抓住亮点，做成沸点**

从新闻素材中提炼精华部分，抓住亮点，吸引用户主动阅读、评论、转发等，将传播力和影响力落到实处。想要抓住新闻亮点，政务新媒体运营人员需要对新闻整体有深入认识，可以结合受众特性直击要害。然后，做好标题设计，将其打造成为沸点，用精练的文字概括整篇内容，激发受众点击欲望。

成功将标题打造成为沸点后，会引发广泛的话题讨论，从而在短时间内实现大范围传播。当然，这并非是鼓励政务新媒体运营人员做“标题党”，更不能为了吸引网民眼球而弄虚作假，保持信息的真实性、有效性，才能产生实效。

与传统媒体相比，新媒体的内容形式、渠道更为丰富，政务新媒体运营人员需要积极创新，灵活运用各种新工具、新理念、新玩法，做好新闻采编与传播工作。此外，政务新媒体必须抓住新媒体时代的传播规律，不能简单地将传统媒体的内容转移到线上，而是应该将各种新媒体元素融入内容规划、生产、传播等各环节之中，借助开放性的新媒体平台，向目标受众持续输出生活化、场景化、体验化的优质内容产品。

【案例】中央政法委长安剑：活动策划与运营技巧

知名政务新媒体“长安剑”于2015年开始运营，经过几年的发展，已经成为国内政务新媒体的典型代表。2018年11月20日，“长安剑”在微信和今日头条平台上正式更名为“中央政法委长安剑”，账号主体显示为“中央政法委”，这也是其运营以来首次向社会公众公开身份。那么，“长安剑”成功的背后有哪些奥秘？从其成功案例中，政务媒体人可以学习借鉴哪些技巧与经验？下面我们以“长安剑”周年庆活动（活动时间为2016年9月22日到23日）为例，对其运营技巧进行深入分析。

◆ 活动策划“三部曲”

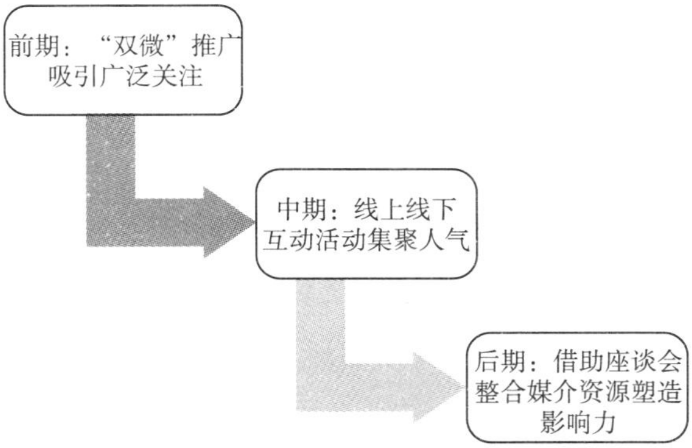

图4-3 “长安剑”活动策划“三部曲”

（1）前期：“双微”推广吸引广泛关注。

周年庆活动开始前一周，“长安剑”便开始为活动预热，在微信、微博、今日头条等新媒体平台投放了多条和周年庆活动相关的信息。比如在微信公众平台发起营销活动，对周年庆活动相关信息进行留言或转发的用户，将有机会参与周年庆活动。

在“长安剑”微信公众号推送的文章《视频+福利！长安剑周年庆，为你送上“洪荒之礼”》中，对活动事项进行了详细介绍，获奖用户可以在9月22日跟随“长安剑”工作人员前往公、检、法、司，进行“现场勘查”（包括参观燕城监狱、在最高人民法院旁听一次重量级庭审、与最高检庭长共进工作午餐、与警察共同执勤等，由于时间限制，每个获奖用户只能从四个奖项中选取一个），而且允许用户对活动进行图文直播；9月23日前往活动现场参加“长安剑”周年庆活动。而且长安剑将为获奖用户报销参加活动期间产生的所有正常费用。

（2）中期：线上线下互动活动集聚人气。

9月22日，“长安剑”组织获奖用户分组前往燕城监狱、最高人民法院、北京市检察院第二分院、北京市公安局海淀分局双榆树派出所参加“周年庆·走进公检法司”活动，并在微博对活动进行图文直播。统计数据显示，政务微博“中国长安网”从22日凌晨1时50分至晚间22时16分共计更新博文22条，话题“长安剑周年庆”在当日十大热门话题榜登顶，阅读量426.3万人，有1.5万用户参与讨论。

（3）后期：借助座谈会整合媒介资源塑造影响力。

9月23日，“长安剑”举办周年座谈会，运营团队邀请专家学者、业界大咖、读者粉丝共同参与，并分享了新媒体运营技巧和经验，与专家学者共同探讨了政务新媒体应该承担的社会责任。法制日报、观察者网、澎湃新闻网为此次活动发布评论文章，进一步扩大了活动影响力。

◆ **长安剑“周年庆”活动的运营策略**

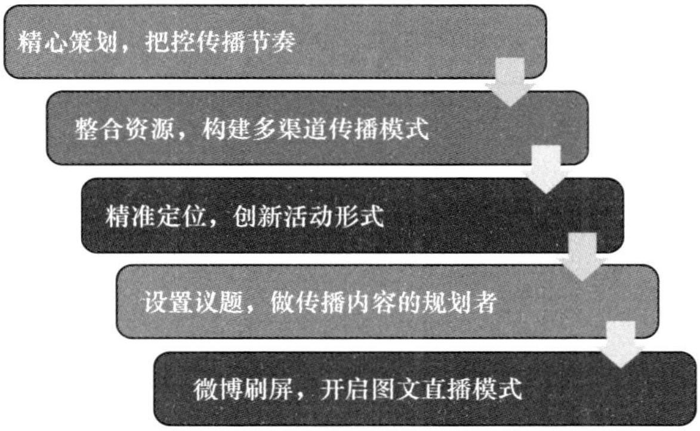

图4–4　长安剑“周年庆”活动的运营策略

（1）精心策划，把控传播节奏。

“长安剑”周年庆活动虽然仅为22日、23日两天，但运营团队为其做了充分的准备工作。“周年庆·走进公检法司”活动极具创意，大部分普通民众对公检司法缺乏足够了解，而且对其具体业务流程、工作日常等有较强的好奇心，从而点燃了用户对活动内容进行评论和转发的热情。同时，“长安剑”对部分用户贺文和祝福进行展示，体现了对用户的重视与尊重。活动前期通过营销活动向用户进行营销推广，在大众群体中产生广泛的话题讨论，之后邀请业界大咖和专家学者助阵，引爆话题，吸引全民关注。

（2）整合资源，构建多渠道传播模式。

“长安剑”对多种优质资源进行整合，实现传播效果最大化。“长安剑·走进公检法司”活动主要利用社交媒体资源进行推广，与目标受众进行深度交互。该活动依托政务微博“中国长安网”、政务微信“长安剑”，通过两大亿级社交媒体平台的协同联动，为活动带来了海量曝光。

座谈会则同时整合了官网、门户网站、政务新媒体以及传统媒体等资源，通过优势互补，实现全网传播。具体包括，在中国长安网首页“黄金”展示位，网易、新浪等门户网站，以及微博、今日头条等新媒体渠道，推送座谈会相关信息，法治日报等传统媒体推送评论文章等，将多个传播渠道相结合，产生了绝佳的传播效果。

（3）精准定位，创新活动形式。

“长安剑”对自身进行精准定位，紧紧围绕宣传法治思想这一运营宗旨开展活动策划和运营。“周年庆·走进公检法司”活动有效促进了司法人员和公民进行沟通交流，使民众了解司法人员的工作日常，感受他们承担的压力和社会责任，从而给予他们更多的理解和认同。

而且活动举办地点“燕城监狱”“最高人民法院”等机构自带流量，可以吸引目标用户的广泛关注及口碑传播。座谈会活动具有较高的专业性和权威性，通过对参与活动的专家学者发言进行推送，巧借意见领袖影响力，进一步扩大传播效果。

（4）设置议题，做传播内容的规划者。

无论是传统媒体时代，还是新媒体时代，优质内容都是稀缺资源。在“长安剑”周年庆活动中，运营团队坚持创造精品内容，比如采访“周年庆·走进公检法司”活动亲身参与者，从受邀用户的视角分享活动体验、感悟，引发大众的情感共鸣。

同时，“长安剑”运营团队邀请多家国内媒体对座谈会进行跟踪报道，并对整个活动过程进行总结，创作了多篇有深度的新闻稿件和文章，引发网民的广泛热议。

（5）微博刷屏，开启图文直播模式。

通过微博图文直播模式向目标用户推送信息，确保了信息的时效性、真实性，迎合了年轻群体的内容消费习惯，从而更容易获得目标受众信任，激发其互动欲望。

实战攻略：政务新媒体的精细化运营

政务新媒体运营的能力与素质

想要做好政务新媒体运营，运营人员必须具备足够的业务能力和综合素质，才能在完成运营目标的同时，实现自我价值。

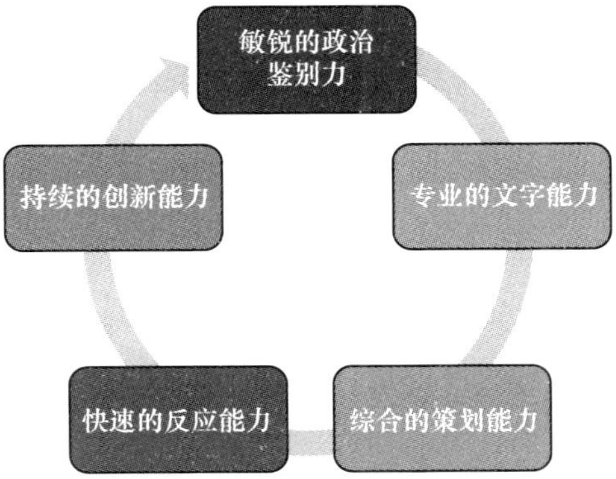

图4-5　政务新媒体运营的能力与素质

◆ **敏锐的政治鉴别力**

较强的政务属性是政务新媒体的一大重要特征。政务新媒体运营人员在日常工作中要对政治理论和党的路线、方针、政策进行深入学习与实践，持续提高自身的政治素养，保持较强的政治敏感性。

一个有较高政治素养的政务新媒体运营人员往往具备成熟的政治思想、政治意识和大局意识，充分认识到政务新媒体对政府部门开展新闻舆论工作方面的重要价值，明辨是非、积极发声，向社会传播正能量。

◆ **专业的文字能力**

政务新媒体运营要求运营人员具备丰富的理论知识，熟练掌握新闻采编、内容创作、用户运维等方面的专业能力。可以从杂乱、无序的素材中提取关键信息，并将其巧妙组合。在此基础上，做好标题拟定、内容创作工作，充分展现语言之美。

毋庸置疑的是，文字加工、表现能力是所有政务新媒体运营人员都应该掌握的基础技能。这要求政务新媒体运营人员熟练掌握文字加工和表现规范，主动学习相关专业知识和技巧，在日常工作中不断总结反思，同时，理论联系实践，勤于创作，不断提高自身的文字能力。

◆ **综合的策划能力**

综合的策划能力是做好新媒体运营的关键技能，它涉及了如何在立足党的思想、方针、政策基础上，精准把控目标用户需求，在合适的时间通过合适的方式向目标用户进行精准推送。

这要求政务新媒体运营人员能够从海量政务信息中提炼关键信息，按照主流价值标准，对信息进行过滤、整合，创作出符合部门传播定位的优质内容作品，快速高效地达成传播目标。

◆ **快速的反应能力**

政务新媒体在帮助各级政府部门快速高效地完成政务发布等工作的同时，也使各级政府部门站在了社会舆论的最前沿，政务新媒体发布的所有政务信息，为公众提供的所有政务服务等，都将直接影响账号主体部门在民众心中的形象。特别是出现突发性事故导致的网络舆论危机事件时，政务新媒体运营人员必须具备较快的反应速度，保持客观、冷静、理性，满足公众信息需求，做好舆情引导工作。

在面对复杂舆情时，政务新媒体运营人员必须坚持这一原则，与团队成员积极配合，重视舆情引导，有效提高自身对复杂舆情的应对能力。

◆ **持续的创新能力**

持续创新是政务新媒体永葆活力的关键所在，这种创新体现在新闻采编、标题设置、活动规划、用户运维等多种方面，需要政务新媒体运营人员长期投入大量的时间与精力。

面对日益复杂的网络传播环境，以及政务新媒体数量快速增长带来的同质竞争、用户审美疲劳等问题，政务新媒体运营人员需要善于借助各种新工具、新方法，来提升自身的工作效率。

一方面，政务新媒体运营人员需要不断拓展自身的视野，多渠道、立体化地搜集与部门业务相关的政务信息，并持续提高自身的审美能力，向用户输出高价值内容；另一方面，主动拥抱变化，积极参加线上、线下培训活动，学习新技术、新思维、新模式，持续探索更符合目标用户需求的内容产品，并做好与用户的沟通互动工作，避免供需错位。

政务新媒体内容吸粉实战技巧

想要使政务新媒体保持较高的传播力和影响力，运营人员需要为政务新媒体积累足够的粉丝，并确保这些粉丝保持较高的活跃度。

随着流量成本持续增长，越来越多的新媒体从业者在用户运营过程中将精力从提高粉丝数量转移到提高粉丝质量方面，政务新媒体也应该如此。事实上，粉丝量仅是体现政务新媒体竞争力的指标之一，1万个高活跃度粉丝的价值远高于10万个低活跃度粉丝，因为这些活跃用户会为账号带来较高的曝光量和更多的新流量。

政务新媒体关注度和粉丝量与主体部门职能存在一定关联，比如，类似公安这种与人们日常生活密切相关的政府部门开通微博后，自然会吸引较多的用户关注，这也为运营人员积累种子用户奠定了良好基础。

从平台方角度看，在新媒体平台发展初期，为了提高流量和用户活跃度，平台方会主动对政务新媒体进行资源倾斜，因为政务新媒体代表的政府部门可以为平台提供背书，而且政府部门在新媒体上发布政务信息、开展政民互动、提供政务服务等可以为新媒体平台带来更多的流量，几年前的微博、微信，目前的抖音等，都是如此。

不过随着新媒体平台逐渐成熟，平台方给予政务新媒体的资源倾斜力度明显降低，此时，想要继续保持较高的流量和活跃度，政务新媒体必须做好日常运营工作，依靠优质的内容、完善的服务来吸引用户关注。

利用实体服务窗口对政务新媒体进行推荐，对扩大政务新媒体流量和活跃度也有较为积极的影响。随着日常生活节奏日渐加快，很多人没有时间主动关注政务新媒体，所以，当民众前往实体服务窗口办理业务时，工作人员可以主动向民众推荐，或利用宣传单页引导民众扫码关注。

长期来看，驱动流量和活跃度增长的核心因素始终在于为用户创造价值。为此，政务新媒体必须提高内容质量，输出更多有趣味性、有实用价值的原创内容，合理掌控内容发布频率，培养用户的阅读习惯；积极践行“互联网+政务”模式，为公众提供方便快捷的信息查询、资质认证等政务服务，开展线上问政，及时回应民众关注热点。

从用户行为视角看，我们可以将政务新媒体粉丝分为以下几种类型：

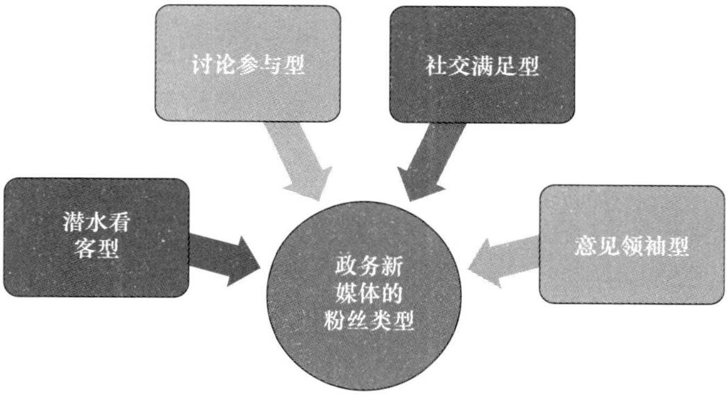

图4-6　政务新媒体的粉丝类型

（1）潜水看客型。这类粉丝关注政务新媒体的主要目的是为了获取信息，如果运营人员可以为其提供符合其兴趣爱好的内容，而且保持一定的更新频率，便可以吸引他们的关注。不过，需要指出的是，这类粉丝往往兴趣广泛，阅读时间也不固定。

（2）讨论参与型。这类粉丝文化水平相对较高，不但积极获取时事新闻信息，还会主动表达自己的观点。尤其是对于热点事件，他们有较高的参与热情，主动表达自己的观点和想法，而且养成了上网习惯，能够为政务新媒体贡献较大的曝光量、评论量、转发量等。所以，政务新媒体运营人员应该将这类用户作为重点运维对象，积极与他们沟通交流，鼓励其提供意见与建议，逐渐将其转化为忠实粉丝。

（3）社交满足型。这类粉丝有着较为固定的社交圈，具备强烈的社群意识，更多的将政务新媒体作为扩大自身在社交圈内影响力的有效工具，他们会将那些有一定价值的文章分享给自己的社交圈好友或者与好友讨论等。所以，如果政务新媒体可以将这些粉丝转化为忠实粉丝，往往可以借助其在社交圈内的口碑传播为政务新媒体带来庞大流量。

（4）意见领袖型。这类粉丝通过新媒体积极发声，向网民分享自己的专业知识、经验等，逐渐积累了大量忠实粉丝，是政务新媒体运营人员需要重点关注的高价值粉丝。政务新媒体运营人员和意见领袖型粉丝互动交流，或者为其提供政务服务时，往往会吸引到该意见领袖的粉丝的关注，如果能够做好这一工作，将会对政务新媒体运营带来事半功倍的效果。

运营团队要具备“竞品意识”

部分政务新媒体缺乏完善的考核机制，甚至没有专业的运营团队负责运营，而是由主体部门内做宣传工作的人员兼职，因为运营不规范，导致政务新媒体陷入“假存在”状态，即虽然政务新媒体保持一定的更新量，但鲜有用户阅读、转发、评论等。

但对那些优秀的政务新媒体账号进行分析，可以发现，这类政务新媒体不但有完善的绩效管理机制，更有强烈的“竞品意识”。

◆ 借助竞品意识提升“求生欲”

与个体、企业类新媒体相比，政务新媒体压力较小，容易导致运营人员工作消极被动、提高政务新媒体账号传播力和影响力的动力不足。如果上级领导对政务新媒体建设较为重视，且提出具体而明确的运营目标，也能对这些政务新媒体运营人员产生一定的激励效果，反之，政务新媒体运营人员将得过且过，浑噩度日。

某种程度上，我们可以将竞品意识看作生存压力。有生存压力的政务新媒体，自然会在日常工作中投入更多的时间与精力，用尽一切办法提高政务新媒体的传播效力，避免政务新媒体陷入“假存在”状态或者沦为“僵尸号”。

◆ 借助竞品意识减少“坏毛病”

缺乏竞品意识的政务新媒体容易出现自我封闭和同质化问题。自我封闭问题是指政务新媒体缺乏开放性视野，仅关注自身感兴趣的信息，而忽略了民众关注的热点，以及实时新闻等，甚至对网络舆情采取不回应的做法。同质化问题是指政务新媒体缺乏原创能力，仅是对其他内容进行模仿复制，难以满足用户的内容需求。

而拥有竞品意识的政务新媒体，会主动与其他政务新媒体进行对比分析，从而发现自己的优势与不足，取长补短，及时对运营策略进行优化，提高运营效果。

◆ 政务新媒体如何引入竞品意识？

在日常工作中，政务新媒体可以通过以下方式培养自身的竞品意识：

（1）选准目标竞品。

这需要政务新媒体明确自身的定位，充分借助“新榜”等新媒体分析工具发现目标竞品，从其内容风格、推送时间、更新频率、功能设置等角度上进行对比分析，为自身制定合适的运营策略奠定良好基础。

（2）分析成功案例，总结经验与技巧。

运营良好的政务新媒体必然有其独到之处，比如原创能力强、善于与粉丝互动交流、提供完善的政务服务、定期组织线上线下活动等，运营人员在向其学习过程中，会不自觉地与他们对比，从而培养自身的竞品意识。

（3）善于利用数据分析。

与人的经验判断相比，数据分析较为客观。运营人员通过对内容设计、推送策略、回应周期等与用户的阅读、评论、点赞、转发等行为进行关联性分析，可以总结出适合目标用户的运营策略。

整体来看，政务新媒体树立竞品意识，更多的需要运营人员从自我价值实现角度着手，将做好政务新媒体视作自身的本职工作，而不是为了应付领导或绩效考核。

【案例】政务新媒体的人格化品牌构建策略

与传统媒体时代相比，新媒体时代的社会环境、流行文化、传播渠道、用户消费场景等诸多因素发生了重大变化，这对媒体传播提出了更大的挑战。政务新媒体运营需要更为人性化，不仅要善于借势、推出各种创意活动，更要革新传统思维模式，为账号建立人格化品牌形象，和用户实

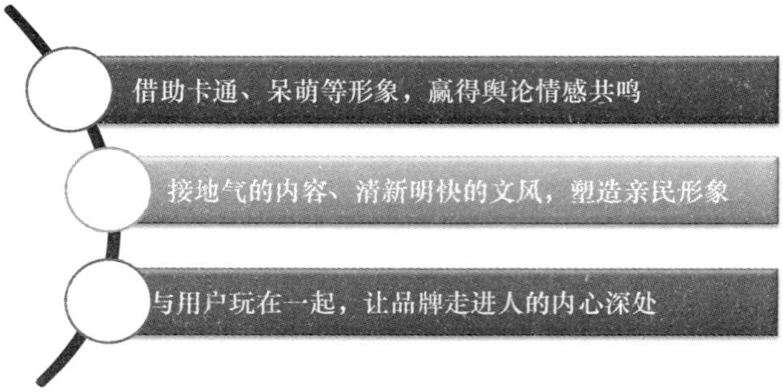

图4-7 政务新媒体的人格化品牌构建策略

现深度沟通交流。

◆ **借助卡通、呆萌等形象，赢得舆论情感共鸣**

气象系统新媒体在人格化品牌形象建设方面走在了前列，立足自身职能特点，采用人格化运营模式，有效扩大了自身公共服务的广度和深度。中国气象局建立了“象博士”品牌、中央气象台建立“萌台”品牌、中国天气频道（现已更名为“中国天气”）建立“黑衣人”品牌等，都是以卡通、呆萌的人格化形象，在潜移默化中激发人们的情绪共振、情感共鸣，吸引了大量网民的关注。

以中国天气频道建立的“黑衣人”品牌为例，黑衣人形象首次出现在中国天气频道2018年初推出的年度宣传片《神秘的黑衣人》中，该宣传片以独特的创意对气象服务进行具象化呈现：一位神秘而温暖的黑衣人在下雨前为用户送伞、大风来临前为用户披风衣、高温来临前准备绿豆汤等，在黑色幽默中透出满满的温情。该宣传片得到了社会各界的一致好评，网民甚至称赞其为“世界级创意”。

◆ **接地气的内容、清新明快的文风，塑造亲民形象**

人格化形象的打造，需要政务新媒体以符合目标用户思维模式的形式展现内容，在话语模式、表现手法等方面积极创新。国家博物馆微信公众号从“小博”升级为“国博君”，以第一人称并采用拟人手法创作内容，拉近和粉丝之间的距离。

文风清新明快有助于提升内容阅读流畅性、舒适度，给用户带来良好体验。南京市公安局江宁分局官方微博“江宁公安在线”于2011年2月开通，由于其具有的超强亲和力、贴切的网络语言、清新活泼的风格等，赢得了大量网民的认可与支持。

◆ **与用户玩在一起，让品牌走进人的内心深处**

利用创意活动，让用户参与其中、乐在其中，从而使品牌在用户心中留下深刻印象，也是政务新媒体运营的重要手段。在用户参加创意活动过程中，政务新媒体可以与之互动交流，增进双方的了解与信任。

以故宫博物院为例，故宫博物院开展了多元化的新媒体布局，比如：开设微博、微信公众号；推出每日故宫App等。2019年春节来临前，故宫博物院宣布推出“贺岁迎祥——紫禁城里过大年”展览活动，该活动持续三个月时间，包含文物展览和实景体验两个部分，不仅让游客观赏近千件精美文物，更让游客在创意和技术融合的场景中感受昔日皇宫庆祝新年活动。

2019年2月19日至20日推出的“紫禁城上元之夜”是该活动的重要组成部分，邀请了劳动模范、解放军和武警官兵、快递员等各界代表，普通市民也能通过预约免费参加该活动。

活动期间，游客从午门进入后，可观赏被各种花灯点亮的太和门广场，然后在东雁翅楼西欣赏中央民族乐团琵琶演奏家赵聪及其团队的表演，之后再步行至东南角楼，观看虚拟现实影片《角楼》，接着参观位于东华门城楼的“营造之道——紫禁城建筑艺术展”，然后在畅音阁戏楼听戏，最后来到神武门城墙南门两侧，欣赏利用艺术灯光投影出来的《千里江山图卷》等作品，获得“人在画中游”的全新体验。

政务短视频：提升政务传播的影响力

政务短视频的发展现状与特点

2018年可以被称为“政务短视频”元年，大量政府部门入驻抖音等短视频平台，推动着政务短视频数量快速增长，催生了一系列政务短视频“爆款”作品。政务短视频在帮助政府部门开展案情通报、形象建设、城市宣传等方面发挥了非常关键的作用。

图4–8　政务短视频的发展现状与特点

2018年9月14日，公安部网络安全保卫局联合抖音短视频平台，举办“全国网警巡查执法抖音号矩阵入驻仪式”，170家网警单位入驻抖音，建立了全国网警短视频平台工作矩阵。

10月9日，在工业和信息化部办公厅的支持指导下，工业和信息化部政务新媒体“工信微报”入驻抖音、快手短视频平台。公开数据显示，截至2018年10月31日，有4247家政府机构完成抖音号认证，累计视频播放量达892亿人次；中央政法委快手官方号“中国长安网”粉丝量达155万，成为快手政务“大V”。

◆ **内容接地气**

政府部门的权威性和公信力，使其在很多民众心中贴上了严肃、刻板的标签。然而在短视频平台上，政务新媒体却打破了很多网民的传统认知，凭借接地气的内容，得到了大量粉丝的支持。

一方面，政务新媒体通过通俗易懂的语言和生活化的画面，向公众展示了政府部门工作人员和民众密切联系在一起、服务民众的形象。

以政务快手账号“中国长安网”分享的短视频作品《马背上的派出所》为例，在该视频中，云南迪庆德钦县羊拉派出所民警骑马在交通恶劣的崇山峻岭中穿行（该地位于云南最北端，平均海拔3240米，下雨天山路湿滑，而出太阳时，山上的土又会变得松软，经常有石头掉落），保卫当地民众的人身和财产安全。该视频于2018年6月29日上线，上线仅5小时，播放量达5100万，创下快手破5000万播放量最快纪录。

另一方面，政务新媒体通过幽默搞笑的短视频内容分享专业知识的同时，更向公众传递了快乐。

以抖音联合中国七大博物馆制作的H5的《第一届文物戏精大会》为例，该作品赋予了僵硬、冰冷的文物鲜活的生命力，为文物设计了差异化的表情、动作、台词等，使用户可以随时随地感受中国文化的魅力，更为传承历史文化提供了新的思路。

◆ **传播正能量**

政务短视频传播速度快、成本低等优势，为其传播正能量提供了广阔的想象空间。将那些温暖感人的好人好事制作成短视频，有助于唤醒人们内心深处的善意和良知，营造更加文明、和谐、友爱的社会氛围。

陕西镇永乐派出所政务抖音账号“永乐微警”以“公安新媒体，正能量集散地”为口号，多次发布温馨动人的短视频作品，得到了当地民众的广泛好评。比如2018年10月2日，“永乐微警”分享了一段交警接力救援儿童的短视频作品《4岁男孩突发高烧昏迷，交警接力狂奔为其开道》，获得了上百万点赞量。截至2019年5月8日，“永乐微警”粉丝量为158.3万，累计点赞量4449.5万人次。

◆ **促进城市宣传**

2018年9月11日，抖音在京发布《短视频与城市形象研究白皮书》。该白皮书中指出，抖音上视频播放量达百万级的“爆款城市”已经有11个，包括北京、上海、重庆、西安、成都等。字节跳动算数中心总监赵蕾指出，城市形象视频条均播放量是全平台均值的1.2倍。

多地文化和旅游局等政府部门已经将抖音、快手等短视频平台作为推动城市形象建设的重要阵地。未来，将会有越来越多的政务新媒体结合城市特征、形象，迎合短视频传播规律，用互动思维取代宣传思维，用趣味故事取代硬性推广，用竖屏视频取代横屏视频等，强化城市形象，给广大市民带来更多的幸福感、认同感、归属感。

政务微博视频的运营现状分析

近几年，多个政府部门积极拥抱变革，在微博、微信等新媒体平台上分享了知识科普、形象宣传等一系列短视频作品。比如2017年7月，常州市公安局高新（新北）分局为推送创意系列短剧《民警李建国》而在微博上开设了公众号“民警李建国”。该系列短剧于2017年7月17日上线，仅3天时间播放量便突破1200万人次。

之所以该短剧能够实现大规模推广，很大程度上是因为常州市公安局高新（新北）分局积极创新，没有采用传统的说教式宣传，而是用更为接地气的形式让观众在5分钟的视频里收获快乐的同时，还能学习防溺水安全知识。

近两年，政务微博视频开始进入大规模普及阶段，其应用主要体现为以下几点：

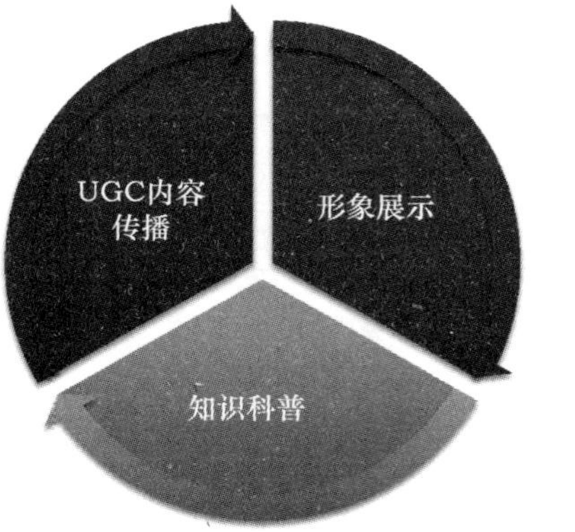

图4–9　政务微博视频的发展特点

◆ **形象展示**

政务微博不但可以作为政府部门公开政务信息的渠道，也能助力政府部门的形象宣传。2019年1月29日，香港警队官方微博正式上线，并发布了“港风”宣传片，不到一天时间该宣传片播放量便超过700万人次。2018年8月29日，北京市旅游委、首都文明办、北京市公园管理中心联合举办秋季文明旅游宣传活动，活动现场首次发布了北京市文明旅游公益宣传片，倡导游客文明旅游。

新媒体时代，政府部门需要转变传统生硬冰冷的硬性宣传模式，在广大民众心中建立更为立体化、人性化的政府形象。当然，在实践过程中，需要运营人员将创意和专业化的运营手段相结合，比如公安部门可从日常工作中取材，对实际案例进行艺术加工，用微电影的形式传播公安部门形象，而且在发布影片前，可通过微博、微信、抖音等分享海报、预告片等，实现前期预热。

◆ **知识科普**

知识科普是气象、医疗、教育、消防等政府部门的一项重要工作。这项工作的价值主要体现在两个方面：一方面，能消除公众因认知不足而对政府部门工作的误解。以气象系统为例，普通大众并没有系统学习气象类专业知识，从而对气象局的天气预报工作存在误解，质疑气象局提供的预报信息缺乏精准性，而通过生动形象的微博视频形式向民众科普气象类专业知识，有助于消除公众误解。

另一方面，提高公众解决实际问题的能力和公众生活质量。与图文信息相比，视频画面可以直接展现具体的处理方式，告别冗长艰深的文字描述，比如税务部门可以制作具体的业务办理流程视频，向民众详细解读如何办理各项业务，这对降低民众办理业务时间成本具有非常良好的效果。

◆ UGC内容传播

目前，视频制作与传播门槛被降低到了极低的水平，广大网民皆可参与到视频内容的制作与传播之中。各大新媒体平台能够逐步发展壮大，离不开草根用户的积极参与。因此，政务新媒体运营人员也应该充分认识到网民参与视频内容制作与传播的需求，推动UGC内容的传播推广。与PGC内容相比，UGC内容规模庞大、视角多元、题材广泛，对增强政务新媒体运营人员的内容生产力非常关键。

而且让网民参与内容生产与传播，也是一种政务新媒体与粉丝互动交流的有效方式，能够体现出政务新媒体对粉丝的重视与尊重，促使双方更为快速地建立信任关系。

比如福建省旅游发展委员会官方微博“福建省旅游发展委员会”（2018年福建省实施福建省级机构改革实施方案，将省文化厅、省旅游发展委员会的职责整合，组建省文化和旅游厅，更名为“清新福建文旅之声”）曾推出“秀出你的钢笔字”手写明信片活动、“分享福建微故事”征集活动等一系列极具参与性的活动，充分激发了网民的创作热情，借助广大用户分享的UGC内容，使“清新福建”名片深入人心。

政务微博视频运用问题探析

政务微博视频虽然已经得到大规模应用，但在运营实践中，也暴露出互动性缺失、创新能力不足等诸多问题。而合理的职责与风格定位是做好政务新媒体运营的前提，这一定位出现问题，后续工作开展将陷入巨大困境。那么，政务微博运营人员如何做好职责与风格定位呢?

事实上，大众对政务新媒体的首要需求是能够从中获得权威的政务公开信息和方便快捷的政务服务，因此，存在较大的政务属性是政务新媒体的一大典型特征。这要求政务新媒体内容应该有足够的政务含量，向公众展现更多的体现职能工作、符合公众相关需求的政务信息。

对新媒体内容进行分析，不难发现，公众对娱乐明星、美食美妆等泛娱乐化的内容尤为青睐，这和人们对政府部门的传统认知存在明显差异。所以，政务新媒体运营工作的一项重点内容便是使“接地气”和“权威严肃”达成某种平衡，既能获得公众的支持与信赖，塑造亲民型、服务型政府形象，又能保障自身的权威性。显然，做到这一点并非是一件简单的事情。

另外，公众期待的政务新媒体应该是差异化的，能够让他们获得特色内容与服务。这种差异化对运营人员提出了较高的要求。

2019年1月16日，上海交通大学政务新媒体研究中心、上海交通大学大数据与传播创新实验室正式发布《2018中国政务新媒体白皮书》。该白皮书指出，从事政务新媒体运营工作的人员多为服务购买，拥有公务员身份或事业编制的人员相对较少，从而导致了政务新媒体运营面临较为严重的人才缺失问题。

事实上，从“上海发布”“杭州发布”等优秀政务新媒体运营实践案例来看，政务微博视频制作需要人才、资金、创意、技术等诸多方面的资源支持，而目前政务新媒体基层运营团队能够得到的资源支持是相对有限的。

想要解决这一问题，一方面，需要政府部门提高对政务新媒体的重视程度；另一方面，需要平台方等社会力量给予支持，比如微博推出集短视频快速生产、版权素材交易、内容分发及多维度数据分析管理于一体的一站式在线服务平台“微博云剪”，以技术、服务支持赋能内容生产者，这对提高政务新媒体运营人员的运营能力具有重要价值。

最后，公众期待的政务新媒体应该是能够保障公民个人隐私的新媒体。目前，在视频内容制作与传播方面，公安、交警、团委等系统走在前列，比如公安部门将违法违规行为制作成短视频，并搭配合理的文案、背景音乐，实现了大范围传播推广，对普及相关知识产生了积极影响。

2016年5月，深圳一位涉嫌酒驾者为逃避酒精检测，多次咬住测试仪，假装吹气，并做出一系列夸张动作。深圳交警对该车主的录像进行剪辑，并配上葫芦丝音乐后制作成短视频在微博上发布。凭借较强的趣味性，该视频在网民的自发传播下实现了大范围推广。但部分网民对这种做法提出了质疑，他们认为公布执法记录仪中的内容可能涉嫌侵犯公民个人隐私。

事实上，政府部门掌握着很多公众行为的视频信息，虽然在政务新媒体上运用这些内容并非是为了营利，但部分信息是公民的重要个人隐私信息，如果在网络上公开可能会对公民的生活与工作造成负面影响，对这类数据的使用进行规范是很有必要的。

此外，政务新媒体版权保护面临较大挑战。部分政务新媒体运营团队在资源匮乏的情况下，投入大量时间和精力制作了优秀的短视频作品，却被其他新媒体轻易抄袭剽窃，损害了政务新媒体的合法权益。想要解决这一问题，需要平台方、广大网民、立法机构等各方的携手合作。

【案例】短视频在政务新媒体中的实践应用

◆ **案例1：舆情引导**

2017年7月20日，经过微博、微信等新媒体的快速传播后，深圳地铁7号线乘客混乱事件引发了社会各界的广泛关注。在各种线上社群中，大量网民对该事件进行探讨，并猜测事件经过。而深圳市地铁集团有限公司官方微博“深圳地铁”在第一时间发布了问题车厢的监控视频，让广大民众及时了解现场信息，完成了快速辟谣。

◆ **案例2：政务服务**

2017年7月7日，一位深圳市民在东莞发病被救护车送往深圳，救护车途经南海大道玉泉路至深南立交附近路段，该路段是当地著名的拥堵路段，而且当时正值周五晚高峰。然而，救护车行驶到该路段时，上千辆陷入拥堵的车辆主动为救护车避让，仅用3分钟便通过了正常情况下可能需要20分钟的拥堵路段，为病人让出了一条“生命通道”。

深圳交警了解到相关信息后，8日晚通过官方微博“深圳交警”发布相关短视频，并表示“广大车主可大胆让，放心让，因为主动避让造成的违法记录会自动消除”。该微博被海量网民点赞，有网友在评论区留言：“生在这样一个有温度、充满正能量的城市，我很自豪。”

◆ **案例3：信息发布**

2018年8月13日，云南玉溪市通海县发生5.0级地震，引发了全国人民的广泛关注。此时，全国民众对获取受灾地区群众相关信息有迫切需求，当地政府部门及时通过微博视频公布了临时安置点实时动态，满足了全国民众的信息需求。

◆ **案例4：政策解读**

2019年两会期间，国务院办公厅官方微博“中国政府网”发布两会宣传短视频《〈政府工作报告〉起草背后》，由政府工作报告起草组同志亲自解读“政府工作报告里写了什么？”“要改多少遍呢？”等问题，向广大网民展现《政府工作报告》的相关知识，为两会宣传工作提供有效推力。

2018年五四青年节期间，共青团以微博直播的形式为广大网民上演了一场精彩纷呈的“网络青晚”。晚会上邀请了人气明星助阵，并根据微博受众年轻化、娱乐化的特性对节目进行规划，大量网民通过发送网络弹幕积极互动，产生了非常良好的传播效果。《共青团中央杂志》发布的数据显示，“网络青晚”微博话题阅读量达4574万人次以上，微博直播观众171万。

第五章

政务微博：赋能“互联网+社会治理”

我国政务微博的运营技巧与实战策略

我国政务微博发展现状分析

依据媒介理论家马歇尔 · 麦克卢汉（Marshall McLuhan）的观点，大规模应用的电子媒介，改变了传统的文化形态与信息传播方式。近年来，政务微博的运用得到了国家与政府的支持，在公共管理领域发挥着十分重要的作用，为政府公开政务信息、民众参与网络问政提供了诸多便利。

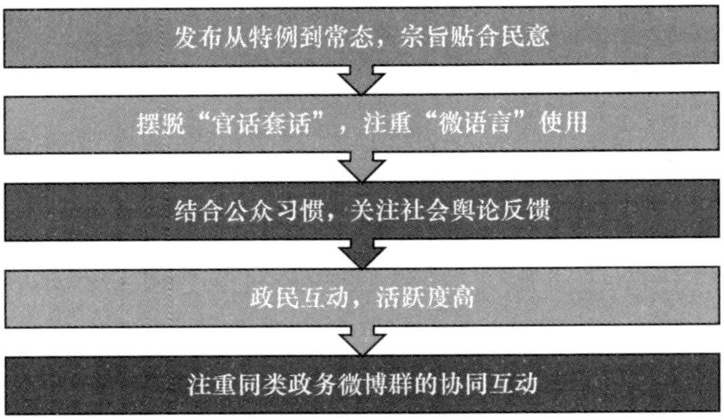

图5–1　我国政务微博的发展现状分析

◆ 发布从特例到常态，宗旨贴合民意

政府致力于通过政务微博公开发布政务信息、传递服务性资讯，因

而，政务信息和民生资讯在政务微博的内容中占据了很大的比例。传统模式下，政府的信息发布渠道比较有限，发布方式也比较单一，政务微博的应用改变了这种局面，增加了政府进行信息发布的渠道，有利于政府构建完善的信息发布机制。在构建服务型政府的过程中，政府不仅会在政务微博发布政务信息，还会输出重要的民生资讯。发布与民众生活紧密相关的信息内容体现出政府秉持“以人为本”的理念，在发展过程中不断提高自身的服务能力。

◆ **摆脱“官话套话”，注重“微语言”使用**

微博平台的开放性程度较高。利用政务微博，政府机构不仅能够实现信息的有效传达，还能及时获取民众的反馈意见，加强与民众之间的沟通互动。另外，因为微博对内容字数有要求，政府需注重“微语言”的使用，在确定内容类型的基础上，还要以恰当的方式、语气进行内容表达。只有采用合适的风格来展现相对应的内容，才能取得最为理想的信息传播效果。

当政府逐步建立起完善的政务微博运营机制时，其采用的语言风格也更加灵活多变，可以根据具体的内容类型选择相应的语气。比如，以号召语气来表达呼吁类的内容，或者对某些负面行为进行批判；以告知语气来公开政策类内容，这类内容发布的目的是通知，因而会避免使用语气助词；以当下的流行语、热门语气词来发布娱乐性较强的内容，表达某种情感，还可以结合漫画或表情包形式来吸引公众，通过这种方式拉近与民众之间的距离。

在公开自贸试验区仲裁要求时，上海发布所站在客观角度，采用严肃、正统的风格对信息内容进行了简明扼要的阐述，这种方式能够保持政务微博的权威性；在发布天气预报时，广东发布平台以幽默风趣的风格，结合表情包元素营造出一种愉悦的氛围。在一些贴近人们日常生活的情景中，政府机构一改此前威严的形象，更加亲民，促进政民互动，让民众更加认可其提供的服务。

◆ **结合公众习惯，关注社会舆论反馈**

当微博逐渐成为政府机构普遍采用的网络发布平台时，政务微博发布的时间也越来越稳定，并逐渐形成日趋完善的发布机制。对于常规性政务微博，政府机构通常会选择固定时段进行发布，通过这种方式提高其微博运营的规范化程度。突发事件则更讲求时效性。

借助微博平台的及时性、高效性，在出现突发事件后，政府机构应立即发布权威信息，明确自身的态度，依靠自身的权威性及微博在信息传播方面的优势，对大众的舆论方向进行引导，避免流言散播，建立良好的社会秩序。从这个角度来说，利用微博平台，政府机构能够在突发事件的报道中占据主动性。

◆ **政民互动，活跃度高**

若政府机构每日更新的原创微博数量保持固定，即意味着其微博发布频率比较稳定。若政府机构每日更新的原创微博数量较多，则意味着其微博活跃度较高。政务微博拥有多元化的信息开源渠道，且能够源源不断地获取丰富的信息，因此，政务微博不存在内容短缺的问题。所以，政务微博应该在保持发布频率稳定的同时提高微博活跃度，即每天发布数量较多且比较固定的原创微博。

依据传播学的观点，媒介革命会改变原有的社会关系。在新媒体时代，政务微博的诞生及应用使政府机构掌握了更多的话语权，能够对社会舆论进行有效的引导。政务微博主要采用两种互动方式：一种是由政府自身发起互动；另一种是对民众的反馈及参与行为进行回应而进行的互动。为了促进政府与民众之间的沟通交流，不少政务微博在平台上发起问题征集活动，或者在评论区回答用户提问，又或者利用微博的直播功能发起直播。

◆ 注重同类政务微博群的协同互动

政务微博不仅注重自身的运营，还积极与其他微博进行合作。不同微博可以联合建立微博群，政府机构各部门内部之间可以进行优势互补，以群体形式共同开展运营，形成彼此之间相互协作的群体，提高整体的影响力。这种方式不仅能够加强政府部门之间的沟通，还能为群众提供更为全面、系统的信息服务。

总体而言，目前我国政务微博的发展日趋完善。在新媒体时代，很多政府机构采用政务微博与人民群众进行沟通互动，以期实现双方共赢。在人人都可作为传播者的今天，政府机构利用政务微博，既能够为民众提供更加优质的服务，又能对社会舆论进行引导，及时了解、掌握民众的需求，进而满足其需求，解决与人民群众切实相关的社会问题。通过政务微博，政府机构能够以创新的思维、新型的传播手段及工具实施更为高效的社会管理，加快建设服务型政府。

政务微博目标定位与团队建设

◆ 政务微博运营的目标定位

政务微博要想实现成功运营，必须制定清晰合理的目标。政务微博运营既要明确定位，又要勇于创新。目前，政府部门已将微博视为应对突发公共事件、树立政府形象、引导网络舆情的首选渠道，制定了明确的政务微博运营管理目标，即快速反应、贴近民生、高效引导、关心实事。

具体来说就是，推进区域间、部门间的政务微博合作，对政府部门线上线下联动机制进行创新，促进各部门相互配合，共同应对公共危机事件；对政务微博的运营管理模式进行创新，为自媒体时代信息管理能力不足、权威声音缺失等问题提供有效的解决方案，将政务微博在树立政府形象、对网络舆情进行引导、对突发事件进行预警等方面的作用充分发挥出来。

另外，作为一个开放的社会公众舆论平台，政务微博经常会有不同的利益主体提出不同的观点，甚至还会出现一些负面的、偏激的言论。当今社会倡导言论自由，所以虚假信息层出不穷，这些信息不仅会损害社会公众个人的利益，还会给整个社会造成不良影响。

所以，政务微博要创建一个开放、包容的对话环境，提倡一种新的对话思维。政府要将政务微博打造成社会公众的沟通平台，打造成利益表达渠道，切实保障社会公众的知情权、监督权与参与权，促使信息实现自由流通。

◆ **加强政务微博团队建设**

政务微博团队建设包含两大内容，一是加强政务微博管理人员的素质与技能，二是开展政务微博管理人员专业项目培训。

（1）政务微博管理人员必备素质。

政务微博管理是一项复杂且具有挑战性的工作，管理员可谓是政府舆论的把关人，必须具备以下素质与技能。首先，政务微博管理员必须对政治、新闻十分敏感；其次，政务微博管理员要有很强的社会责任感与公众服务意识，具备良好的沟通表达能力、舆情收集能力、洞察力与应变力；

最后，政务微博管理员要熟悉网络语言与网络流行文化，语言风格尽量贴近网友的用语习惯，打破过去严肃刻板的固有模式，深入民心。

除此之外，政务微博管理人员还必须具备创建样本库的能力，可以从海量网友主帖与回帖中提取有价值的信息，对数据进行清洗，也就是进行ID或IP排重，然后进行相关指数与定量模型计算，撰写分析报告。

（2）政务微博管理人员专业项目培训。

政务微博管理人员可能不具备上述素质与能力，无法按要求完成任务，也不清楚如何做好政务微博管理，如何利用政务微博应对突发公共事件。面对这种情况，政府必须做好微博运营管理人员的培训工作，从微博使用、法规、互动三个层面培养微博运营管理人员的素质与能力。

表5-1　管理人员培训项目

培训项目	培训内容	培训重点
微博使用培训	微博写作培训	表达、格式
	传播知识培训	信息传播
	互联网知识培训	技术应用
法规培训	相关法规培训	信息公开制度
	工作制度培训	首发责任制
互动培训	舆情监测培训	信息采集
	舆情引导培训	信息分析、疏导与转换

政务微博运营人员绩效考核

目前，针对政务微博运营人员的绩效考核制度尚未形成，考核、奖惩、激励等都没有制度可依，人员配备、团队管理都比较随意，微博管理运营很难实现良性发展。要想根据政务微博运营人员的具体表现进行奖惩，必须创建科学的绩效考评体系，该体系的创建可以通过引入公共人力资源管理中的绩效考评制度完成，借此使政务微博运营人员的绩效考评更加规范。

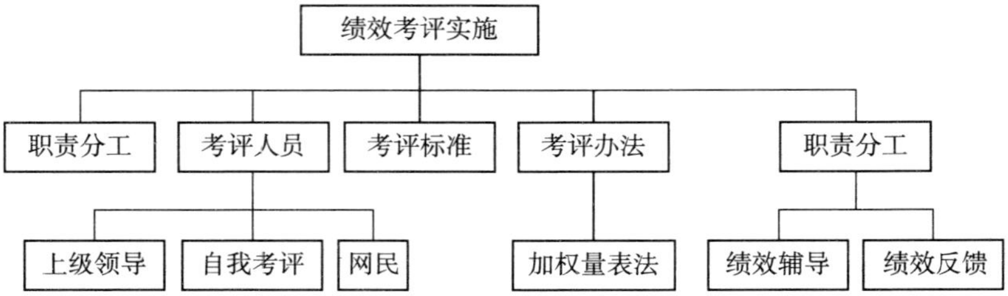

图5-2　政务微博的绩效考评制度

◆ **考评人员**

建立微博运营人员自我评估、领导小组考评、网民评议、自我评估等制度，创建一个支持微博运营人员自我展示、自我反省、自我教育的平台。微博运营人员根据自己发布的微博数量、质量，日常处理工作的体会，与网民的互动情况进行自我评价，通过自我评估、自我认档打分，通过网民评议、领导小组测评让微博运营人员受到启发，实现自我成长与提升。

◆ **考评标准**

根据实际问题确定考评标准，一方面，考核人员要制定微博运营具体的职责要求，让微博运营管理人员按照章程工作；另一方面，在政务微博运营管理的过程中，总会出现一些问题对组织绩效、岗位绩效的提升产生制约，考核人员要将这些问题作为考核项目与考核标准。比如，某个阶段，网友普遍反映政务微博运营人员服务态度不佳，此时，考核人员就要将“及时、礼貌地回复网友问题”“对网友的激烈言辞保持耐心”等确定为评分标准。

在该问题解决之后，考核人员要对政务微博运营人员的工作进行持续跟踪，发现新问题，将其作为新的考评标准。总而言之，为了做好政务微博运营人员的考核工作，考核人员必须不断更新绩效考核标准，将考核标准的制定与运营人员现存问题的解决相衔接，使运营人员的工作效率不断提升。

◆ **考评方法**

政务微博运营人员考核要采取定性考核与定量考核相结合的方法。一方面，考核人员要对政务微博运营人员的工作态度、工作效果进行量化评价；另一方面，考核人员要根据微博运营人员应对突发公共危机事件的具体情况进行定性分析，比如发现突发公共危机事件之后是否及时上报，是否定时更新微博消息，是否对舆情做出了积极引导等。

◆ **绩效沟通**

为了让政务微博运营人员认识到自身存在的问题，进行自我改进，实现自我成长，绩效考核小组必须做好与政务微博运营人员的日常沟通与交流，根据所掌握的微博运营人员的实际绩效情况，通过与岗位绩效考核标准进行对比分析，对微博运营人员进行辅导，督促其改正现有问题。

在考评结束之后，绩效考核小组要及时与微博运营人员沟通，收集他们的意见与反馈，将考核结果优秀的运营人员立为标杆，鼓励其他运营人员向其学习，不断地进行自我改进与提升。

【案例】陕西微博政务的发展历程与创新策略

由政府部门与公职人员开设及运营的政务微博，具有较高的权威性、开发性，促进了政府与民众之间的沟通互动，在推出后受到了广泛的好评。早在2010年，部分地区的政府机构就率先尝试开展微博运营，推出一系列政务微博平台，如“微博云南”“平安肇庆”“平安北京”等，使“微博问政”迅速流行开来。

在诸多政务微博中，公安类政务微博能够体现出总体的运营水平及社会影响力。这类微博的平均粉丝数量高达2.6万人。公安类微博在2011年陕西最具影响力的10个政务微博中的占比达到40%。

其中，陕西西安市公安局法人微博“西安公安”的影响力最大。该微博于2010年10月上线，用于发布警务信息、警务咨询，科普法律知识和安全信息，增强民众的防范意识，在形式上采用当下流行的网络语言，结合生动形象的图画，拉近了陕西公安局与民众之间的距离，树立了良好的部门形象。到2011年，该政务微博的粉丝规模就达到百万级，为同类微博的发展起到了示范作用。

截至2012年，国内政务微博进入快速发展期，大批政务微博纷纷涌现，日均增加量超过100家。在这样的大形势下，陕西省委省政府也积极建设政务微博。陕西省政府于2012年11月在新浪、腾讯等微博平台推出其官方微博账号“陕西发布”，并开通了12个省级政府部门的政务微博账号，集中开展政务微博建设与运营。

陕西省网信办与新浪网、陕西省电子政务部门于2013年7月召开“陕西微博大会”，会议期间就如何运营政务微博展开了探究，邀请专家学者、微博达人、表现突出的政务微博机构及政务微博代表参与其中。为提高党政干部的政务微博运营能力，此次微博大会组建了陕西政务微博培训基地，旨在提高政务微博运营人员的专业能力及职业素养。

陕西省于2015年3月举办省级政务新媒体建设推进会，对评估政务微博发展水平的标准进行了调整，将服务功能的延伸列入考量范围内。以司法、公安为代表的政府部门积极开发政务微博的服务功能，利用微博平台开展新业务，促进政民互动，为民众提供更多便利。

在这方面，“@陕西公安”为加强与民众之间的交流沟通，推出包括微博拜年在内的一系列创新活动，实现全天候的微博值守，第一时间发布政务资讯与民生信息，及时回应民众意见，积极利用政务微博为民众提供服务，得到了业界的一致认可。

如今，政务微博仍处于持续发展的状态中，出现了很多专注于垂直领域的政务微博，与此同时，不同微博之间的合作越来越频繁，专业化程度也逐步提高。在互联网时代，新媒体技术日新月异，政务微博应该紧跟时代步伐，积极实施改革：

（1）打造政务微博矩阵，充分利用互联网平台的优势开展社会治理，提高自身的管理及服务能力。微博平台于2017年推出了“政务微博矩阵升级”计划。陕西省的公安部门、团委机构在打造政务微博矩阵的过程中可以发挥自身的优势，但仍需进一步扩大矩阵规模，进行功能开发，完善总体的运行机制，提高工作效率，打破不同部门、不同级别、不同地区之间的界限。

（2）注重政务微博管理，完善考核体系。如今，各个地区、各个级别、不同系统的政务微博发展水平存在较大的差异。另外，医疗卫生、市政类等直接关系到民众利益的政务微博的影响力仍十分有限。有相当一部分基层政务微博只关注信息发布与传播，忽视了与民众之间的互动，总体的活跃度有待提高。针对这些问题，应该注重政务微博管理，完善考核体系，要求运营人员及时回复民众的反馈意见，通过评论、私信等方式帮助民众排忧解难，加强政民互动，提高服务质量，提高政务微博的活跃度。

（3）选择恰当的新媒体传播方式。在使用图文、动画、漫画等固有表达方式的同时，政务微博也可以尝试以短视频、直播为代表的新媒体传统方式，提升用户体验，进一步扩大内容传播的范围，提高自身的影响力与号召力。

（4）充分利用自身优势，构建特色鲜明的品牌政务微博。在信息爆炸时代，人们的注意力愈加分散，想要吸引用户的目光并提高其黏度，就要突出表现自身独有的特色，采用创新、灵活的方式进行内容呈现。比如，有些文博类、旅游类政务微博重在展示陕西独有的地域特色，却能够从众多政务微博中脱颖而出，因为陕西本身拥有丰富的旅游及文物资源。因此，陕西政务微博应该充分认识到自身的特色，积极学习其他同类微博的运营经验，注重采用创新手段，重点建设品牌政务微博。

政务微博在危机公关中的运营与优化

事前预警：建立有效防范措施

危机管理涵盖了两大基本内容，分别是危机处理与危机预警，有效的危机管理必须做到先发制人，而不是被动应对。公共危机应急预案最核心的部分就是应急系统的流程化设计，包括三大模块，分别是事前预测预警、事中控制处理、事后保障反馈。这三大模块必须通过流程要素紧密结合，通过工作人员的岗位职责实现衔接。发现危机、消灭危机，在危机爆发后尽量降低损失，转危为安是危机管理的基本目标。

新媒体时代，政务微博、政务微信、政务抖音等政务新媒体成为各级政府部门传播信息的主流渠道。建立事前预警机制是处理好新媒体语境下的危机公关的重要保障，它能使政府部门有效降低危机公关的负面影响，甚至将危机转化为机遇，打造一个阳光、负责、高效的服务型政府形象。

移动互联网时代，信息传播方式与渠道愈发多元化，人们可以利用智能手机等移动终端随时随地的获取各类信息。当政府遇到危机公关时，如果采取逃避、掩饰的态度来处理问题，只会进一步扩大危机公关事件的负面影响。而当政府部门积极借助便捷、高效，支持双向沟通的新媒体渠道处理危机公关事件时，可以快速了解舆情，将事件真相及时告知公众，避免失真信息的大范围传播扩散，为开展下一步工作奠定良好基础。

实践中，各级政府部门通过对危机公关事件总结反思，可以掌握舆情规律、引导策略等，进而建立事前预警机制，将危机公关事件负面影响控制在可接受范围。事前预警机制涵盖了信息搜集、危机监测、舆情引导等多个方面。以舆情引导为例，一方面，政府部门要采取疏堵结合的方式处理网络谣言；另一方面，政府部门要及时让公众了解真相，用政务微博、政务微信等政务新媒体渠道发布准确、客观、真实的信息，实现对网络舆情的有效引导。

因此，构建完善的危机预警机制，是各级政府部门妥善处理舆情危机的前提。具体来看，政务微博的危机预警体系由三部分构成，分别是危机监测、危机评估和危机预报。

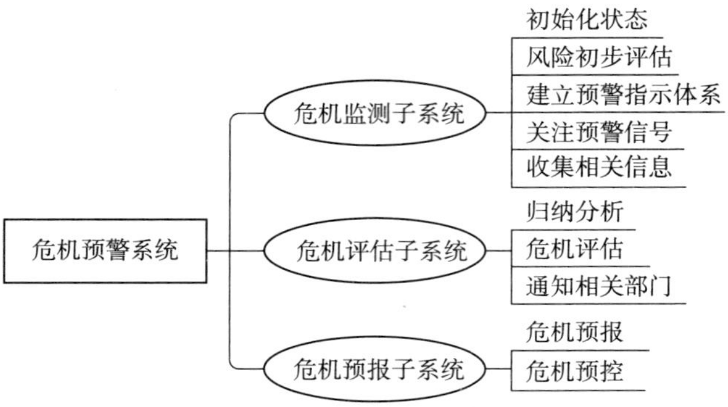

图5-3　危机预警系统功能结构

（1）危机监测子系统的主要职责是收集所有反映危机迹象的信号，反馈给政务微博信息收集组织。该组织以预警信号与潜在危机的对应关系为依据创建预警指标体系，在该指标体系的指导下通过各个渠道收集信息，以便提前感知危机。

（2）危机评估子系统的主要职责是对监测子系统收集到的信息进行归纳分析，根据这些信息对可能发生的危机的类型及其危害程度进行预估，将这些信息通过内部渠道发送给相关部门，要求他们及时采取措施消除隐患，避免危机爆发。

（3）危机预报子系统的主要职责以危机评估系统得出的评估结果为依据，对发生概率较低但危害程度较大的潜在危机发出预警，提醒有关部门及社会公众注意，及时采取预防控制措施；对发生概率高且危害程度大的危机发出警报，将危机发生情况告知社会公众，并及时采取应对措施，将危机造成的损失降到最低。

事中处理：完善舆情应对流程

对于政务微博运营管理来说，危机事中处理机制是核心，也是应对危机的关键。危机事中处理机制的建立可以规范危机应对流程，明确政务微博运营部门的工作目标、工作职责和工作内容，保证危机舆情预警、处理、监督有序开展，效果优良。具体来看，危机事中处理机制包括三个环节：一是三级应急响应，二是舆情处理，三是舆情监督。

图5-4　危机事中处理机制的三大环节

◆ 三级应急响应机制

微博信息收集小组在日常收集信息的过程中发现突发公共事件，尤其是重大生产事故、严重自然灾害等，立即将情况上报领导小组办公室。领导小组根据事件级别启动应急预案，创建相应的微博警情专报机制，组织各部门采取相应措施予以应对，同时，指导微博信息发布小组及时更新微博消息，随时掌握事态变化，引导社会舆论向更积极的方向发展。

专报机制启动后，微博信息收集小组主要承担两项任务：

（1）及时搜集危机信息，对信息进行归纳分析，并做出相应反馈。

（2）按照相关规定将危机情况上报领导小组办公室，即三级状态两天一报告，二级状态一天一报告，一级状态半天一报告。领导小组收到报告之后，将相关情况通报相关部门，获得其他部门对事件的处理信息，通过官方微博将事件处理进展、公众应采取的防范措施发布出来，缓解公众不安、焦虑、恐慌等不良情绪。

应急响应工作的开展流程如下：

★ 信息收集小组对舆情动态进行收集整理，将相关信息呈送领导小组办公室；

★ 领导小组办公室将相关情况呈交领导小组组长、副组长批示；

★ 领导小组通知有关部门及时采取有效措施进行处理；

★ 信息发布小组通过官方微博将事件处理进展发布出来；

★ 信息收集小组对事件处理进展与成效进行跟踪。

◆ **舆情处理机制**

为保证危机舆情可以有效化解，危机舆情处理需要创建一个规划、科学的流程，要求三级应急响应、舆情处置、后期评估等环节的各个节点可以通过“信息”“人员”“责任”三要素实现衔接。

（1）“信息”指的是各节点根据舆情特征及事态发展进行处理的内容。

（2）“人员”指的是负责某项工作的人，这些人要对舆情信息点和事态发展情况做出准确了解，做到“心中有数，行动有理，结果可测”。

（3）“责任”是指面对突发公共事件，政务微博管理人员要保持高度敏感，尤其是公共安全部门的微博管理人员，要密切关注网络上，尤其是微博上的舆论、舆情。

微博信息发布小组在发现某个突发公共事件的端倪之后，可通过搜索关键词或“@提醒”等方式收集相关信息，对信息进行筛选，做出理性判断，明确当前的事态发展情况与舆论方向，及时通过官方微博将事件进展告知公众，争取在第一时间发出政府的声音，抢占舆论制高点，遏制谣言传播，安抚公众情绪。

接着，微博信息发布小组要对事件发展进行跟踪，联合报纸、电视等传统媒体获取事件的最新进展，通过微博将相关情况公布出来。需要注意的是，微博信息发布小组通过微博发布的所有信息用语必须积极，让公众真正了解事件的原貌，对公众情绪产生积极影响，谨防公众被谣言误导。

◆ **舆情监督机制**

舆情监督机制的创建是政府网络舆情收集与监测的要点，是保证相关工作顺利推进、高质量执行的关键，其主要任务就是对舆情预警、响应和处理过程进行监督和评价。微博信息收集小组的工作内容如下：

（1）在危机舆情爆发前对舆情热点进行监测。

（2）在危机舆情扩散阶段对每个时间段的舆情进行跟踪，对相关信息进行筛选、评估，对舆情信息进行快速分析，辅助领导小组尽快做出决策。

（3）通过官方微博积极回复网友提出的问题。

（4）保证信息传输渠道通畅、高效。

（5）在舆情出现平息之态时，及时总结经验，将相关情况反馈给领导小组。

在整个过程中，每项任务都必须具体到人，保证每个环节都能得到严格执行，以保证舆情处理质量与效率。在事后总结与反馈过程中，舆情监督人员要对每位微博管理人员的工作成绩做出科学、客观、公正的评价。

事后反馈：后续问题跟进处理

突发公共事件的应对要做好事后反馈，即对事件性质、事件影响、事件发生的责任主体、所获经验教训等进行调查评估，及时回复社会公众的质疑，满足其诉求。政务微博不仅要在及时应对公共危机事件方面发挥应有的作用，还要充分获取民众质疑与诉求，以此为前提拓宽公众跟进事件、了解事件后续处理情况的渠道，对公众进行积极引导，在全社会范围内传播“正能量”。

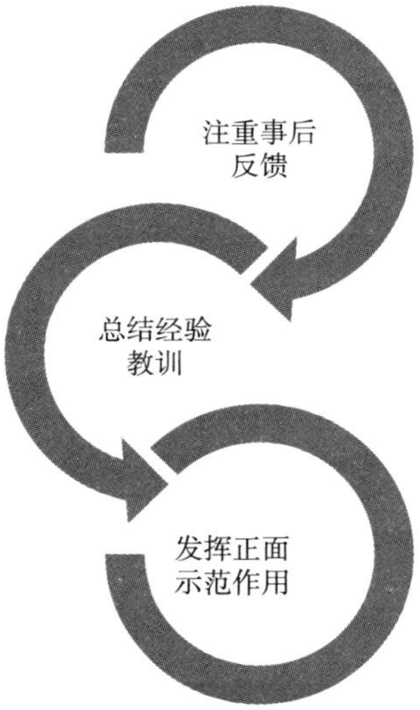

图5-5　事后反馈机制

◆ **注重事后反馈**

比如，2008年汶川地震发生后，全社会捐款、捐物支援汶川的灾后建设。2012年，有公众要求政府公开捐赠款项与物资的去向。鉴于此，在公共危机事件结束后，政府部门依然要做好政务微博的维护与运营，及时收集公众意见与诉求，尤其是意见领袖提出的典型问题，然后就这些问题与上级领导及相关职能部门进行磋商，以“长微博”的形式进行解答。

相较于传统媒体，微博的受众更多。政府利用微博解答公众疑问效果更好，更能拉近与社会公众的距离，树立亲民风格，获得社会公众的支持与喜爱。

◆ **总结经验教训**

在公共危机事件处理后期，政府要对此次事件处理过程中积累的经验、教训进行总结，通过政务微博公示出来。在此过程中，或许会有公众提出质疑，政府要围绕这些质疑进一步进行研究与讨论，予以回应，形成一份完整的报告存档，作为以后的学习材料。通过事后总结，不仅可以保证社会大众的知情权，体现政府积极务实的工作之风，还能改善政府的工作流程与态度，提高工作绩效。

◆ **发挥正面示范作用**

面对公共危机事件，一方面，政府要挖掘先进人物事迹，通过政务微博发布出来，发挥先进人物的正面示范作用；另一方面，通过政务微博宣传先进人物事迹，可以在一定程度上缓解事件发生后公众的负面情绪，引导公众树立积极乐观的心态。比如，在广州发起涉日抗议活动之后，广州市公安局立即通过微博“@广州公安”发出了“爱广州，非暴力”的倡议，引导公众理性爱国，严谨做出打砸抢等违法行为，得到了很多公众的支持，完成了“传播正能量”的使命。

日常运营：构建运营管理体系

政务微博的日常运营管理包括三大内容，一是岗位日常规范，二是部门协同联动机制创建，三是微博舆论监督数据库系统建设。

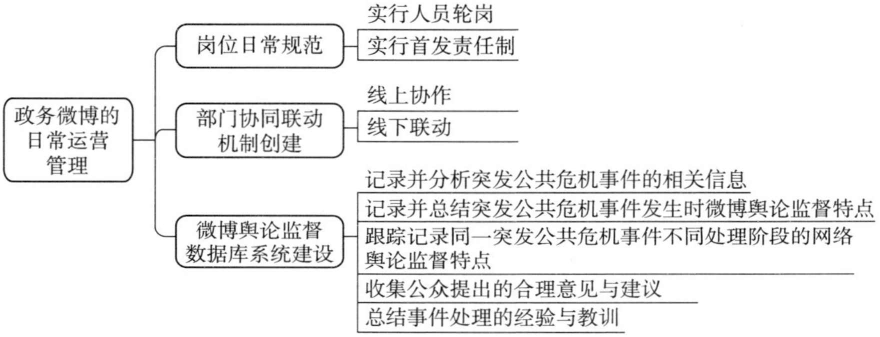

图5–6　政务微博的日常运营管理

◆ 岗位日常规范

（1）实行人员轮岗。

公安系统、自然灾害防治系统的政务微博应实行“三班倒”的轮岗制度，保证7*24h有人值守，以便在公共危机发生时第一时间做出响应。其他政府部门的政务微博只要保证每天8—24h有人值守即可。在工作期间，微博运营人员要做好信息采集与分析，编辑并发布微博内容，与网友互动，发现突发公共事件或重大舆情及时上报等工作。

（2）实行首发责任制。

首发责任制指的是在账户签名档位置将值班人员的信息公开，增强其责任意识，落实其发言责任。微博运营人员在采集信息时发现突发公共危机事件要及时登记，予以证实，然后编辑微博内容，上报上级领导，获得领导审批将内容发布出去，禁止随意发布未经证实、未通过领导审批的内容。如果因为在发现突发公共危机事件之后没有采取合理措施进行处理，比如没有及时上报、拖延、推诿等，造成严重后果的，微博运营人员不仅要接受政纪处分，还要承担法律责任。

◆ **部门协同联动机制创建**

虽然各个地区的政府部门都开通了政务微博，但因为地区分散，这些政务微博存在各自为政、单兵作战现象，尚未形成整体联动。部门协同联动机制的创建有利于各部门相互配合，共同做好微博运营与管理工作。

（1）线上协作。

一方面，各地区的政府机构要在同一运营商处注册、开通官方微博，在突发公共危机事件发生后，某政务微博只需将收集到的信息“@”相关部门的官方微博，这几个政务微博就可以实现线上联动，共同响应；另一方面，同一地区的不同政府机构或不同地区的同一类政府机构之间可以建立政务微博群，进行双向联动，改变过去单个账号单打独斗的局面。在线上协作的过程中，几个政务账号联合发布内容，口径、说法必须一致，必须有针对性地对舆情进行引导。

（2）线下联动。

政务微博线下联动涉及内容广泛，需要各地区、各部门密切配合，实现整体联动，对资源进行共享。一方面，各部门的工作职责必须明确，将政务微博上民众反映的问题交由相关部门进行处理，及时沟通，了解问题处理进展。如果其他部门在处理问题的过程中遇到阻碍，要积极协调、予以配合。另一方面，负责处理突发公共危机事件的部门要与报纸、电视等传统媒体互动，将整合传播效果在最大程度上发挥出来。

◆ **微博舆论监督数据库系统建设**

在政务微博日常运营管理的过程中，运营人员要着意收集数据，对数据进行分析、管理，创建微博舆论监督数据库系统，对突发公共危机事件不同处理阶段的舆论情况进行汇总整理，总结经验与教训，提高微博监管水平，为突发公共危机事件的及时预警、科学应对提供依据。

具体来看，微博舆论监督数据库系统要对以下五类信息进行处理：

（1）记录并分析突发公共危机事件的相关信息。比如事件发生时间、地点、波及范围、发生预兆等。

（2）记录并总结突发公共危机事件发生时微博舆论监督特点。对公众对敏感信息的关注情况进行观察，明确粉丝之间的关系，对公众舆论倾向、舆论发起者的态度、舆论视角等内容进行总结。

（3）跟踪记录同一突发公共危机事件不同处理阶段的网络舆论监督特点。随着突发公共危机事件不断发展，公众舆论将表现出极大的差别。公众舆论的变化恰好反映了政府危机公关的效果。通过对不同阶段的网络舆论监督特点进行跟踪记录，不仅可以对政府部门阶段性的工作成果进行总结，还能为下个阶段应对策略的制定提供方向。

（4）收集公众提出的合理意见与建议。公共危机事件发生后，经常会有公众在政务微博下留言评论，阐述自己的想法，提出自己的建议，其中有些想法与建议的价值非常高，往往代表着大部分公众对该事件的态度。所以，政务微博运营人员要做好这些意见与建议的收集工作，吸纳有益建议，与社会公众携手共同应对突发公共危机事件。

（5）总结事件处理的经验与教训。突发公共危机事件的发生与处理都存在某种必然联系，政府部门要总结成功的经验，生成报告录入系统存档，以切实提高突发公共危机事件的应对处理能力，在最大程度上降低突发公共危机事件造成的损害，切实保障公众的生命安全与财产安全，维护社会稳定，促进经济稳定、可持续发展。

【案例】北京“7·21”暴雨事件中的应对策略

被各界广泛关注的政务微博给政府机构进行社会管理提供了新的平台支持。如今，越来越多的政府机构、公务人员选择通过微博平台公开政务信息，并与民众进行沟通交流。面对突发公众事件，政府部门可以通过政务微博第一时间表明立场，安抚公众情绪，实现信息的广泛触达，对公众舆论进行引导，从而提高自身的执政能力。

在应对2012年北京“7·21”暴雨时，政府部门就用到了政务微博，第一时间在微博平台向民众提供当前的天气、交通情况及救援进度。与此同时，广大人民群众也在微博平台发布求援信息，有效推动了政务微博的发展。利用政务微博，政府部门能够更好地应对突发事件，为民众及时提供服务。

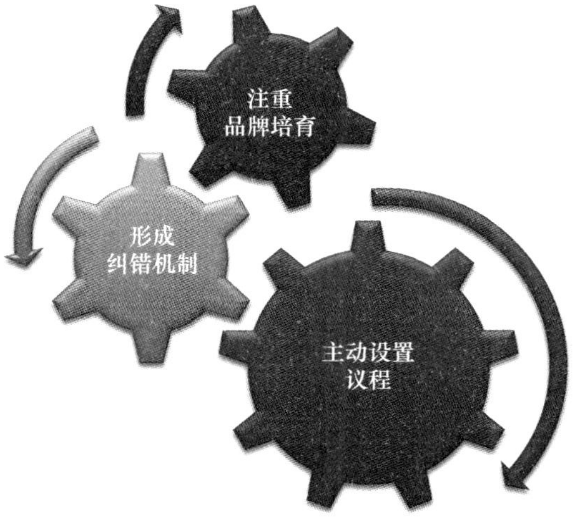

图5-7　北京“7·21”暴雨事件中的应对策略

◆ **主动设置议程**

通过微博直播跟踪救援情况，让公众了解具体进展。公众在面对重大突发事件时，会因为事态动荡而产生恐慌情绪，在这种情况下，政府机构需要及时为公众提供准确的信息，为其决策制定提供有效的参考。因此，在应对重大突发事件时，政府部门要注重对信息的获取与发布，让公众及时了解真实的情况。利用政务微博，政府机构能够在危机发生后第一时间进行信息发布，将公众从信息恐慌状态中解救出来。

在北京“7·21”暴雨事件中，“@北京消防”就利用政务微博提高了救援效率。灾害发生后，很多人无法通过手机与外界联系，便选择用微博请求支援。“@北京消防”把从微博获得的救助信息发送给指挥中心与救援人员，及时为受困人员提供了帮助。

比如，在青龙湖救援中，“@北京消防”接到救助信息后及时回复，让受困人员看到了希望。在实施救援行动期间，“@北京消防”以直播方式在微博平台公开发布救援进展，让公众获知具体情况，如救援中出现的问题，救援人员如何应对等。与此同时，“@北京消防”还利用微博私信与救助者进行沟通，在获知其准确位置的同时，将救援人员采取的具体措施、救援进度等提供给他们，让他们保持镇定，为受困群众架起生命的桥梁。

◆ **形成纠错机制**

通过政务微博进行纠错，避免谣言的扩散。突发事件中容易产生谣言，若不及时控制，谣言的大范围传播会产生负面影响，不利于社会稳定。针对这种情况，政府机构要及时进行危机处理。此次暴雨灾害发生后，网络上出现了“拒马河上游水库要下泄洪水”的消息，若此事未得到及时有效的处理，其广泛流传必然会令公众陷入恐慌。

该消息出现在网上后，水务局官方微博“@水润京华”立即展开调查，并确认其为不实消息，随即第一时间在微博发布辟谣信息，使不良势态得到了及时有效的控制，避免谣言传播产生的严重后果。

这是政务微博在纠错中的具体应用。此外，此次危机应对中还出现了许多类似的案例。例如，针对暴雨中停车被开罚单的事件，北京市新闻办给予了高度重视并向政府部门进行了咨询与确认，及时在“@北京发布”上表示，突发灾害中不应予以停车罚款的处罚，此处罚行为无效。该消息发出后，民众的不满情绪及时得到了释放，新闻办的行为也获得了公众的认可，表明政务微博能够对公众舆论进行正确的引导。

◆ **注重品牌培育**

构建政务微博品牌，提高粉丝黏度。在市场经济快速发展的今天，越来越多的产品涌现在市场上，在给人们提供多元化选择的同时，也增加了人们的选择成本。品牌的优势在于，能够以差异化的标识、优良的品质、较高的影响力、较强的吸引力获得人们的认可，在与同类产品的竞争中脱颖而出，让人们在更短的时间内买到符合自身需求的产品。

如今，人们越来越看重品牌的价值，并将其作为重要的考量因素。换句话说，品牌价值会对人们的决策制定产生重要的影响。面对众多的微博账号，政务微博也要注重品牌培育，以便在突发事件应对中掌握更多的话语权。

外交小灵通：政务微博运营管理实践

精准定位：发出外交部的声音

新兴的社会化媒体创新了微博问政的手段，有效促进了政民互动。在早期发展阶段，微博平台主要用于发布社交信息，现在，很多公众事件也通过微博平台得以传播。微博除了在私人领域发挥作用之外，也推动着公共事件的发展。政府机构应该认识到微博平台的价值所在，通过政务微博提高自身的执政能力。

传统模式下，政府机构采用的执政方式比较单一，社会化媒体的应用则能够为其提供更多的选择，帮助政府部门加快完成战略目标。近年来，越来越多的行政部门开设了政务微博，“外交小灵通”就是一个典型的代表。这个政务微博的优势体现在平台定位、内容表达、运营方式等诸多方面，为其他政务微博的发展提供了良好的示范。

在这里主要采用内容分析法，站在客观的角度，对“外交小灵通”的内容、形式、理念等进行重点分析，总结出此政务微博的优势及成功经验，以期为其他政务微博的运营提供有益的参考。

从微观层面来分析，在业务开展过程中，要着眼于政务微博的信息发布、理念定位、表达方式等，提高其吸引力；从宏观层面来分析，要提高政务微博的公开性，增强其互动性，体现其功能价值，拉近政府与民众之间的距离，更好地服务于民众，利用政务微博更好地处理社会公共事务，提高办事效率，完善问政机制，提高政务微博发展的持续性。

“外交小灵通”具有独特的定位、特色鲜明的理念、丰富的信息内容，并推出了综合性的服务，经诸多媒体平台传播后，为其他政务微博起到了示范作用，并吸引了诸多用户的关注，具有较高的社会影响力。

公共外交是在传统外交的基础上发展而来的新外交形式，从某种程度上来说，公共外交具有比传统外交更强大的功能。传统外交的参与主体为国家，公共外交的参与者则为公众。传统外交依靠强制力产生影响，而公共外交依靠软实力发挥作用。外交部利用政务微博中的“外交小灵通”，为民众表达观点、发表意见提供了平台支持，强化了政府与民众之间的沟通互动，有利于政府提升其服务质量。“外交小灵通”的应用，有助于提高我国公众的公共外交能力，发挥广大人民群众在外交领域的作用，促使我国改革传统的外交形式。

在公共外交模式下，“外交”不只停留在国家层面，而是进入到了广大人民群众中。政府将秉承“外交为民”的理念开展相关事务。这种理念的转变也意味着政府会对传统的执政方式进行改革，除了利用媒体平台进行信息发布之外，还会在平台上与民众展开互动，通过政务微博获取民众的需求，将国家层面的重要信息提供给广大人民群众，积极听取民众的反馈意见，将“以人为本”落到实处。

内容丰富：多元化的表达形式

在长期的发展过程中，政务微博始终致力于站在客观的角度进行准确地信息发布。“外交小灵通”打破了传统模式下内容发布的单一性。一般情况下，官方网站所发布的新闻内容多以外交会晤为主题，不同的是，“外交小灵通”所发布的内容更加多元，具体如重大外交事件、领导人外事行动、对外交政策的阐释、外交知识普及、领事保护政策、服务内容等。在发布外交知识与外交新闻时，“外交小灵通”会根据具体内容采用或严肃或娱乐化的风格。

图5-8 “外交小灵通”的内容表达

◆ **多样化的微博发布内容**

在内容类别上，相较于其他政务微博，“外交小灵通”的内容形式更加丰富。如今，该政务微博已经推出了包括外交知识、外交历史回看、外交官评析、外交动态、外交图片展、外交大使演讲、记者会信息发布、外交人员访谈、出境提示、领事服务、外事英语学习等在内的诸多内容。

“外交小灵通”凭借内容方面的优势得到了广大用户、媒体平台等各界的一致认可。具体而言，除了权威的新闻报道信息之外，“外交小灵通”还以多样化的资讯信息、广泛参与的公开讨论、形式灵活的互动内容来吸引网友的目光。在内容层面，“外交小灵通”主打原创内容，这类内容在总体中的占比超过八成，这也说明该政务微博在信息发布方面讲求独家性。

“外交小灵通”以新闻信息为主体，外事服务信息为重要构成，再结合互动类信息，形成较为完善的内容发布体系。对政务微博的内容发展方向进行分析可知，不同类型的内容采用的风格是不同的，常规性的新闻内容趋向于权威性发展方向，且强调内容的简洁性；更新迅速的服务类内容更注重时效性，旨在为民众提供更多的便利。

◆ **全媒体呈现的表达方式**

除了多样化的内容之外，“外交小灵通”在表达方式上也十分具有优势，通过采用全媒体化的微博营销方式积累了大批粉丝用户。在内容表达上，该政务在采用“全媒体营销”方式的同时，还实现了“多媒体融合”，通过文字、图片、音频、视频等形式进行信息呈现。

（1）对于文字的运用，“外交小灵通”除了编辑短微博之外，还会发布长微博与新闻链接；对于图片的运用，“外交小灵通”不仅会在每条微博内容中添加相应的新闻图片，还推出了图片专栏，以图片方式回顾过往外交历史，记录最近发生的重要外交事件。

（2）对于音频的运用，开设“外交小灵通开始广播啦”广播站，对外交热点事件进行追踪，以音频方式为用户提供新闻信息。

（3）在春节等重要传统节日期间，“外交小灵通”会在微博平台推出专题活动，比如在春节时制作中国驻外使馆恭贺新春佳节的视频，在渲染节日氛围的同时，也向粉丝传递了爱国主义情怀及和平外交的理念。运用艺术化的表达方式来提升粉丝用户的感官体验，在获得用户认可的同时也增强了自身的竞争力。

◆ **具有亲和力的语言表达**

在语言运用方面，很多政务微博存在风格单一，过多使用官话、套话的问题，最终呈现出来的内容要么晦涩难懂，要么没有实际意义。不同于政府公文的严肃性，微博平台的开放程度较高，多采用通俗化的语言进行内容表达。这就要求政务微博采用适合于微博自身的语言表达方式。

以往，政府部门在发布信息时多采用格式化的语言，风格统一但缺乏变化性，权威性较高但与民众之间存在明显的距离感。政务微博要想提高对粉丝用户的吸引力，就要转变思维，从公众的角度出发，采用通俗易懂的语言，以轻松愉快的风格进行内容呈现。在这方面，“外交小灵通”就进行了积极有效的探索。

“淘宝体”语言表达方式轻松明快，融入了娱乐化元素，使用这种方式编辑的微博信息还结合运用了多种多样的表情，使最终呈现出来的内容更加亲民。通过采用这种语言表达方式，“外交小灵通”吸引了诸多粉丝用户的目光，体现出政务微博在表达方式上的创新，代表着政府在内容呈现形式上的探索与尝试。在通过新媒体进行内容发布与传播的过程中，话语表达方式的转变，也能够促使政府转变施政理念，创新工作方式。

多重互动：拉近与公众的距离

“外交小灵通”借助微博平台的传播优势，在大众传播与人际传播中都发挥着重要的作用，拉近了外交部与公众之间的距离。在运营过程中，该政务微博开展了多重互动，最具代表性的是开通一周年组织的粉丝见面会活动，推出了多样化的活动内容。

（1）外交部集邮协会与中国集邮总公司合作，共同推出纪念邮封，并将征集而来的LOGO标识印在纪念邮封上。

（2）举办“外交小灵通”运营团队见面会，组织有奖问答活动，让粉丝了解团队成员的工作情况，邀请粉丝参与抽奖活动。

（3）推出周年纪念手册，展现运营团队与粉丝之间的友好互动关系，体现团队对粉丝的重视、理念上的转变等，进一步提高粉丝的认可度。

注重与民众之间的沟通交流，在互动过程中获取粉丝的需求，据此调整自身的运营方向。“外交小灵通”通过多样化的活动实现政府与民众之间的对接，充分利用新媒体的优势增进外交部与网民之间的联系，改变此前外交部高高在上的形象，使政府部门更加贴近人民群众，真正做到为人民服务。

利用新媒体与公众进行互动，外交部成功参与到了民间舆论中。在具体参与过程中，政务微博除了要及时回应民众的诉求之外，还应该进行政策信息发布与传播，通过微博的民间舆论场扩大影响力，同时对网络舆论进行有效的引导，主动构建议题。

通过开展政民互动，“外交小灵通”在民间舆论场中实现了深度参与，在设置议题的基础上，让政府部门通过新媒体平台及时获知民众的切身需求，在帮助民众解决问题的同时也实现了自身服务能力的提升。

在政务微博的基础上建立政务微群，将原本相互独立的账号联合起来，采用整合化方式促进不同部门间的沟通互动，创新网络问政的方式，发挥多个部门的协同效应，相互配合，联合办公。在这方面，“外交小灵通”通过建立政务微群，实现了各个外事机构之间的高效连接，形成规模化的集群效应，能够利用新媒体平台带动整体的发展。

直击热点：及时引导网络舆论

面对突发事件，政府可以利用政务微博实施社会管理，启动预警机制，及时追踪事件演变的具体情况，与相关部门取得联系，提高决策效率，力求迅速制定并实施解决方案，最大程度地降低负面影响，通过这种方式获得公众的认可，建立良好的声誉。

外交部利用“外交小灵通”，能够及时应对突发事件，处理外事危机，提高工作效率。另外，通过该政务微博开通的“出境提醒”与“领事服务”功能，相关部门能够优化自身的服务提供。当突发事件发生后，政府部门需要启动应急机制，第一时间联系外事机构，还原事实真相，释放民众的恐慌情绪，维持社会秩序。

以“成都小孩泰国溺水”事件为例，这条微博信息经网络平台迅速扩散，引起了“外交小灵通”运营团队的注意。其运营人员迅速与中国驻宋卡总领馆进行沟通，由总领馆采取应急措施，并主动帮助其家属迅速办理签证以赶往泰国。次日，“外交小灵通”针对该事件提醒出境旅游人员，要增强自身的安全意识，避免独自出行，且应在当地政府规定的安全范围内游玩，减少意外事故发生的几率，确保自身的生命安全。该事件体现出“外交小灵通”作为政务微博在应对突发事件过程中发挥的重要作用。

近年来，公众对国际问题的关注度不断提高，在处理相关外交事宜的过程中，政府可以利用“外交小灵通”开展高效的运营，进行准确的定位，从国家利益出发，了解民众诉求，通过发布微博信息表明态度，推出线上问答活动，让外交部官员与网民进行沟通交流，立足于民众的利益开展外交活动，明确主流意识形态。构建议程，掌握更多的话语权，对舆论方向进行引导与合理的控制，通过这种方式保护国家利益，为公民提供优质的服务。

政务微博作为一种新媒体，能够为服务型政府的建设提供助推力量，促使政府转变职能，为政府部门发布信息、资讯提供平台支持，促进政民互动，完善政府的服务体系，提高民众对政府的认可度。

政务微博利用微博平台的优势，能够向公众传递平等互动的理念，发布与民众息息相关的政策信息。在开展政务微博运营的过程中，政府部门要总结运营规律，提高运营能力，加快建设相关的机制规则，形成完整的政务微博体系，在发布政务信息、获知民情、实施社会管理、引导社会舆论等诸多方面体现政务微博的应用价值。

第六章

政务微信：构建智慧政务整体解决方案

政务微信：服务型政府建设的新路径

政务微信助力服务型政府建设

当前，我国政府正积极改变传统模式，致力于打造服务型政府，通过发展电子政务来提高总体的服务效能。微信的应用为电子政务提供了平台支持，能够提高政府政务信息的公开性，调动公民参与的积极性，在政府与公民之间架起沟通的桥梁，促进双方之间的沟通互动，真正体现“以民为本”，提高政府服务的质量。

然而，从信息输出、运营管理、用户交流、服务效能等方面来分析，政务微信的发展仍有待完善。为体现政务微信的应用价值，政府需要进一

图6–1　政务微信助力服务型政府建设

步增强服务意识，改革传统的沟通机制，解决运营过程中存在的各类问题，利用政务微信构建服务型政府。

◆ **有助于政府公开政务，体现“公开透明”的理念**

服务型政府主张“公开透明”，即将政府所有的行政行为及相关信息对民众公开，便于民众实施监督，避免政府内部出现腐败问题，防止腐败行为的发生。通过公开自己的行政行为，政府能够保障公民合法地行使参与权、监督权，提高公民政治参与的积极性，保障公民的合法权益。

在移动互联网时代，政府部门利用政务微信实现了自身与社会、公众、企业之间的连接，将政务信息、最新的方针和政策、政务活动内容等在微信平台上公开，为民众了解相关信息提供便捷的渠道。在政务微信平台上，民众能够将自己的意见反馈给政府，让政府及时获取民众的需求及建议，据此优化自身的工作方式，更好地为民众提供服务。在政府与民众沟通互动的过程中，政务微信发挥着十分重要的作用，为民众了解政务信息、表达自我、参与政治、行使监督权等提供了有效的支持。

◆ **有助于公民政治参与和利益表达，体现“以民为本”的理念**

服务型政府将民众放在核心地位，奉行“以民为本”的理念，致力于给民众提供优质的服务，了解民众的需求、期待，保障民众的切身利益，为其创造良好的生活、工作环境。在“以民为本”理念的指导下，政府能够根据社会发展及需要进行政策制定与调整，提供符合民众需求的服务，进而得到民众的认可与信赖。

政府通过政务微信将政务信息提供给民众，确保民众享有知情权、参与权，让民众可以随时在平台上提出自己的需求，从而更好地为其提供相应的服务，通过这种方式提高民众的满意度。政务微信的应用能够缩短政府与民众之间的距离，使政府可以将公众利益作为出发点与落脚点，切实保障公民的权益。

◆ **有助于及时回应公民需求，体现“高效服务”的理念**

服务型政府力求提供“高效服务”，在获取民众服务需求的基础上，提高政府的响应能力，及时为民众提供高质量的服务。在“高效服务”理念的指导下，政府能够主动改革传统的机制体制，在确保服务质量的基础上，有效提升服务效率，解决以往服务体系中存在的问题。

政务微信向所有民众开放，为民众与政府间的沟通交流提供了便利，打破了传统模式下双方沟通受到的时空因素的限制，使政府与民众之间的联系更为紧密。民众可以通过政务微信及时了解政务信息，政府则可以通过政务微信获取民情民意，为民众提供更优质的服务。

政务微信公众号的主要价值与优势

现阶段，多数政务微信公众号的运营者为政府机构。不同于商业微信公众号，政务微信公众号无须达到特定的营销目的。基于这个原因，政务微信公众号中存在着部分“僵尸微信号”。在新媒体时代下，政府部门应

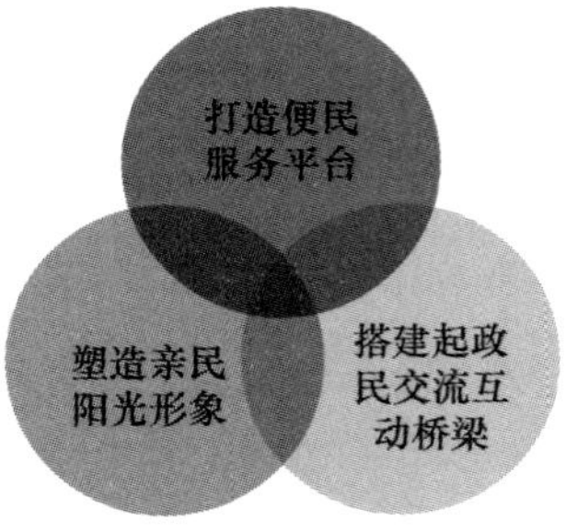

图6-2　政务微信公众号的主要价值与优势

该利用政务微信公众号来提高政务服务的开放程度，促进政府与民众之间的交流与互动，通过运营政务微信公众号，转变民众对政府部门的固有认识，提高民众的认可度。

◆ 打造便民服务平台

在2018年3月举办的十三届全国人大一次会议上，腾讯公司董事会主席兼首席执行官马化腾作为人大代表参与会议。作为我国的主流社交媒体，微信拥有庞大的用户基础且用户数量仍在不断增加。与此同时，微信平台逐渐建立起日趋成熟的服务体系。利用政务微信，公众可以搜索并浏览政府发布的政策信息，了解当前的政务发展情况，还能在微信平台上与政府部门展开互动。

例如，"湖北省政府网"微信公众号添加了政策文件查询功能，方便用户通过微信平台搜索政策内容，据此指导自身的行为；"广东发布"微信公众号推出了微办事功能，包含微信办事、政务微信、政务微博、广东省网上办事大厅几个子系统，让用户能够在微信平台进行业务办理，方便快捷。

◆ 搭建起政民交流互动桥梁

政府机构不仅可以通过微信公众号进行服务输出，还可以利用政务微信对民众的诉求进行把握，分析社会舆论的发展情况。

交互性能够集中体现出微信公众号的独特优势。与传统媒体不同的是，微信公众号能够实现运营方与用户之间的双向互动，为政府部门与民众之间的互动提供有效的平台支持。通常情况下，当政务微信号的用户规模增加到一定程度后，就会开通留言功能，政务微信运营人员可以积极与用户展开互动，通过这种方式提高用户的参与度。

比如，“上海发布”微信公众号将用户的留言显示出来，并采用轻松愉快的风格予以回应，能够激发用户的兴趣并吸引更多用户参与其中。该微信公众号发布的文章阅读量通常接近6万次，且不乏阅读量超过10万的爆款文章。

传统模式下，民众在进行网络信访、网上咨询时必须使用电脑，还要经过诸多操作环节，如今，利用政务微信公众号，民众可以直接在微信平台与政府部门进行沟通，能够节省更多的时间与精力。

比如，“中国政府网”微信公众号推出了“我要留言”功能栏，还依据用户的需求，推出包括“投诉政策不落实”“我向总理说句话”等特色栏目，让用户能够直接在微信平台表达自己的想法，提出有效的建议，也方便政府征集社情民意，有效促进政民互动。

◆ 塑造亲民阳光形象

党的群众路线要求政府“从群众中来，到群众中去”。利用政务微信公众平台，政府能够缩短与人民群众之间的距离，通过更多的渠道为人民群众提供服务，增进与群众之间的联系。

在移动互联网时代下，社交网络的影响已经渗透到人们的日常生活中，也改变了职能部门的信息发布方式。公众希望政府部门能够第一时间为其提供准确、全面的信息，及时回复反馈意见，满足其需求，实现双方之间的平等交流。网络语言更加轻松、幽默，易于传播。如今，在进行职能转变的过程中，不少政务微博、政务微信公众号也积极尝试新的语言表达方式，以更加亲民的形象与民众展开互动。

比如，“共青团中央”微信公众号采用轻松明快的语言表达方式，经常使用当下流行的网络用语，通过这种方式吸引年轻用户的关注。

我国政务微信存在的主要问题

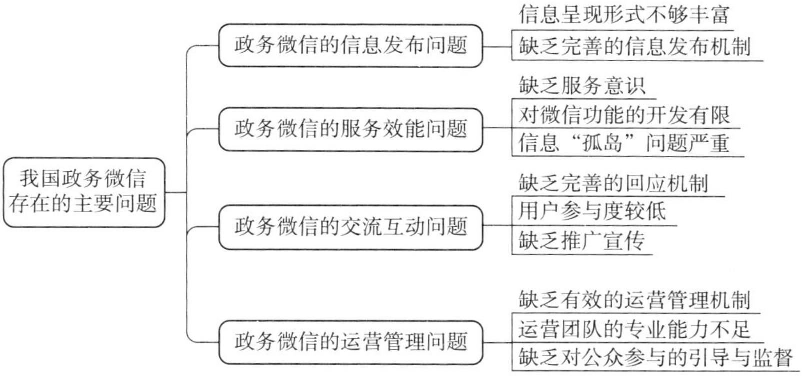

图6-3　我国政务微信存在的主要问题

◆ 政务微信的信息发布问题

（1）信息呈现形式不够丰富。网络信息的表现形式丰富多样，政府部门通过政务微信进行信息发布时，可采用图片、语音、视频等诸多形式，而不只是单一的文字。然而，很多政务微信号仍然固守传统，语言形式一成不变，内容不够丰富，难以吸引用户的目光，不能激发其参与兴趣。

（2）缺乏完善的信息发布机制。政务微信的信息发布应保持稳定、持续，可以每天进行信息推送，也可以每周推送一次。然而，部分政务信息平台做不到这一点，其信息发布时间不稳定，甚至在周末、假期从不推送信息，在出现重大舆情、热点事件后也不能及时跟进解读，不及时回应民众的反馈意见。

◆ **政务微信的服务效能问题**

（1）缺乏服务意识。有些行政领导出于政绩方面的考虑，在政务微信应用越来越普及的情况下尝试运营。但事实上，他们只能做到利用政务微信进行信息发布、跟进重大舆情，却忽略了政务微信与服务型政府之间的关系，难以进行清晰定位，无法充分发挥政务微信的应用价值。尽管政府部门政务微信推出了服务功能，但实际意义并不大，无法满足用户的需求。

（2）对微信功能的开发有限。微信平台的功能多种多样，可以实现在线支付、进行数据导入，推动政府改革传统管理模式。借助政务微信的这些功能，政府能够为民众提供多元化的服务，满足其支付、查询等多种需求。虽然部分政府部门对政务微信的功能有所认识，但受限于技术水平较低、专业人才缺乏、知识掌握不够等因素的限制，对微信功能的开发十分有限，无法充分体现其应用价值。

（3）信息“孤岛”问题严重。在为民众提供服务的过程中，政府需发挥多个部门的协同作用，实现不同部门之间的交流沟通，共同服务于公众的需求。但事实上，我国政府采用的是条块管理模式，各个部门只负责自身的政务微信运营，不同部门间是相互独立的，彼此之间很少进行沟通互动，缺乏信息数据资源的共享，存在严重的信息“孤岛”问题，增加了跨部门交流的难度。

◆ **政务微信的交流互动问题**

（1）缺乏完善的回应机制。要想打造服务型政府，就要确保政府与公众之间能够进行有效的双向沟通。政务微信的应用能够让民众了解政务信息，让政府获取公众反馈，促进双方之间的沟通互动。但部分政府无法做到稳定、持续的信息推动，也无法及时回复用户的信息。针对这个问题，部分平台设置了自动回复、关键词回复等功能，还开设了人工后台，但回复的内容过于单一，人工回应也存在迟滞性问题，无法满足民众的需求，需要进一步完善回应机制。

（2）用户参与度较低。很多政务微信的实用性较低，且缺乏趣味性，内容也不够丰富，以政务类信息为主，对民生的关注度不够，在信息呈现方面也不够灵活，仍多为文字形式，图片、视频、语音不多，对公众的吸引力较低，无法调动用户参与的积极性，关注数量及评论数量都比较少。

（3）缺乏推广宣传。从长远发展的角度来分析，只有提高用户对政务微信的认可度，增加政务微信的用户数量，实现大规模的粉丝积累，才能提高其发展的持续性。但很多政务微信缺乏推广宣传，或固守传统推广模式，导致公众对政务微信的认知度低、了解有限，无法充分利用政务微信的功能满足自身需求，也就不能推动政务微信的发展。

◆ 政务微信的运营管理问题

（1）缺乏有效的运营管理机制。作为新型移动电子政务，传统的运营管理制度、规范已经无法适应政务微信的发展需求。在这种情况下，各地区都要建立政务微信评估考核机制。但现实情况是，有的地区的投入有限，服务水平较低，运行过程中存在诸多问题，有的地区甚至还面临着安全方面的危机。这些问题的存在不利于建设服务型政府，反而会导致公众对政府的管理能力提出质疑。

（2）运营团队的专业能力不足。政务微信的管理及维护工作离不开专业人员的支持。多数政府部门都将这个工作交给宣传部门来承担。但很多工作人员缺乏专业能力，并未掌握专业的技术运用方法，在政务微信运营过程中经常出现失误，无法体现政务微信的真正价值。

（3）缺乏对公众参与的引导与监督。政府需为政务微信的运行打下良好的环境基础。但由于政务微信的发展刚刚起步，一些用户在参与过程中缺乏理性，给整体的微信网络环境带来不良影响。针对此类问题，政府部门缺乏对公众的引导与监督，无法在微信舆论危机中掌握主动权，处理问题能力较差。

我国政务微信发展的对策建议

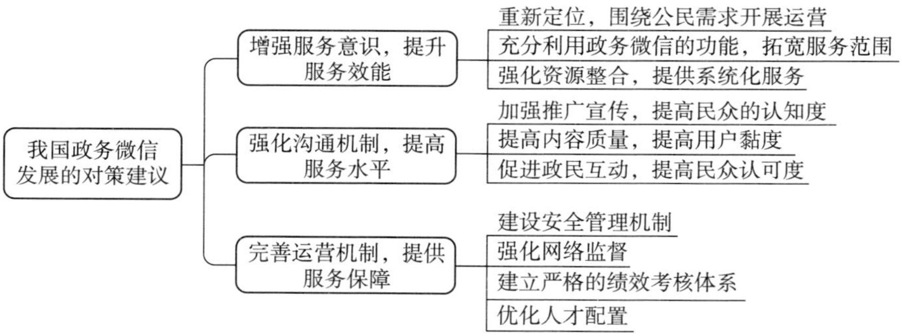

图6-4　我国政务微信发展的对策建议

◆ 增强服务意识，提升服务效能

（1）重新定位，围绕公民需求开展运营。服务型政府致力于为人民提供所需的服务，扮演着服务者的角色，相应地，政务微信也作为服务者为民众提供服务。在早期发展阶段，政务微信主要用来发布政务信息，后期则需围绕公民需求开展运营，为民众提供完善的信息服务，服从政府的管理，接受群众的监督，切实体现政务微信的应用价值，促进政府的转型。

（2）充分利用政务微信的功能，拓宽服务范围。政府可以通过政务微信为民众提供线上搜索、线上支付、网络预约等服务，简化群众的办事流程，为其提供诸多便利。另外，政府还可以拓宽服务范围，省略审批流程中不必要的环节，加快决策制定与执行，提高整体服务质量。

（3）强化资源整合，提供系统化服务。政府需加强不同部门间的合作，利用政务微信平台，实现对各个部门业务、资源的整合，建立完善的服务体系，满足公众在信息查询、反馈、预约等方面的需求，促进不同部门间的沟通交流，为公众提供系统化的服务。政府要跨越区域、层级的限制，整合利用多方的信息资源，依托完善的信息交流平台提升服务效率。另外，政府要促进政务微信与其他互联网媒介之间的合作，借助合作方的优势扩大自身的服务范围，让更多人享受到政务微信带来的便利。

◆ **强化沟通机制，提高服务水平**

（1）加强推广宣传，提高民众的认知度。在宣传过程中，政府可以与传统媒体进行合作，比如报纸、电视等。为方便用户查询，可以将“政务微信”设置成搜索关键词，让用户能够迅速找到符合自身需求的政务微信号，及时了解、掌握政务微信的使用方法及具体作用。另外，还可以在不同的政务微信号之间建立合作关系，提高民众对政务微信的认知度，促进政务微信的普遍应用。

（2）提高内容质量，提高用户黏度。政务微信的内容是否优质，对民众参与的热情产生很大的影响。政府应该以用户需求为参考进行信息筛选，增加民生信息的比重，改变传统模式下只发布政务信息的方式，更好地满足民众的需求；要采用灵活的方式进行信息发布，通过采用图片、音频、视频等方式，增强其呈现方式趣味性；主打原创内容，明确自身的风格类型，突出表现差异化特色；及时发布政务信息，从时效性方面提高信息的整体价值。

（3）促进政民互动，提高民众认可度。要构建服务型政府，就要认真对待民众提出的需求与反馈意见，及时做出回应。在政务微信运营过程中，政府部门需要了解现有的资源情况，及时把握公众需求，及时发布政务信息，在与民众互动的过程中获取民众的需求与意见，将自动回复与人工服务、线上与线下运营结合起来，提高服务效率，优化服务体系，从整体上提高政府的服务及管理水平，提高民众对政府的认可度，助力服务型政府的建设。

◆ **完善运营机制，提供服务保障**

（1）建设安全管理机制。政务微信平台要提高对安全问题的重视程度。通过建设完善的安全管理机制，为政务微信的运行保驾护航，减少运行过程中的风险发生几率。而要做到这一点，政府部门就要提高对安全问题的重视程度，为安全保障体系的建设提供足够的资金、人才支持，可以聘请专业人才加入，负责监督微信平台的运行情况，排除风险因素，树立良好的政务微信服务形象。

（2）强化网络监督。在信息网络高速发展的今天，网络安全问题日益凸显，网络谣言纷纷涌现。针对这种现象，政府应该强化网络监督，及时分析网络舆情，全面了解社会舆情的变化趋势，利用政务微信公开发布相关信息，对民众的舆论方向进行引导，避免产生不必要的恐慌，减少危机发生的概率。与此同时，政府应该加快健全法律法规，以法律手段保护民众的合法权益，逐步完善网络治理。

（3）建立严格的绩效考核体系。一方面，政府应该注重内部的评审与监督，通过分析政务信息平台的信息发布数、阅读数、分享数等，对自身的运营能力进行把控，找出自身的优势与不足，逐步优化政务微信的运营。另一方面，发挥社会力量的助推作用。企业、第三方评估机构、科研部门等都可以与政府部门进行合作，共同推动政务微信的发展。此外，要发挥公众的监督作用。政府应该及时了解公众在使用政务微信过程中提出的反馈意见，组织评比活动，调动用户参与的积极性，督促政务微信平台进行改革与优化，逐步提升政府的管理及服务能力。

（4）优化人才配置。政府应该将政务微信的运营工作交给专业人才来承担，由他们负责进行内容创作、平台运营、对外合作，保证政务微信的正常运行。另外，政府应组织这些运营人员参与培训活动，不断提高其微信运营的能力。与此同时，政府应该派遣专人对政务微信的运行情况进行监督，及时发现并解决运营过程中潜在的问题。

伴随着互联网、移动互联网的高速发展与普遍应用，政务微信的价值也日益凸显，能够有效推动服务型政府的建设。利用政务微信的多元化功能，政府能够加速完成向服务型政府的转变。在这个过程中，政府要及时跟紧新时代发展的步伐，利用政务微信提高自身的管理能力，为公众提供更为优质的服务。

【案例】粤省事：微信粉丝百万的实践启示

近两年，政务新媒体进入快速发展阶段，微信、微博等新媒体成为政务新媒体运营的标配。然而在用户时间与精力有限的情况下，如何吸引粉丝关注，是政务新媒体运营必须要解决的重要问题。

随着注意力之争日趋白热化，政务新媒体运营将逐渐迈入精细化阶段。此时，仅靠传统基础信息发布已经很难产生实质作用，开启精细化、差异化，更加注重服务能力的运营转型升级，成为政务新媒体的必然选择。在此我们不妨以政务微信“粤省事”为例，对新媒体语境下的政务新媒体运营进行深入分析。

◆ **服务性定位和功能化设计**

“粤省事”是广东省信息中心打造的首个集成民生服务的微信公众平台，于2018年5月正式上线，不到半年的时间，粉丝量便达到了百万级。

关注“粤省事”微信公众号的用户可以在“粤省事”微信公众平台界面点击“指尖办事”“微政发布”“咨询服务”三个选项，分别获取春运服务、个人办事、办事提醒、新增上线、往期活动、新政图解、图个方便、服务热线、意见反馈、热点解答、调查问卷等多种服务。

图6–5 “粤省事”微信公众号

“粤省事”尤其注重用户体验，在功能设计方面，开发团队降低了传统政务信息占据的比重，并打破公众号菜单栏限制，将“办事”功能和小程序对接，用户只需要点击菜单栏就能享受一站式政务服务。“粤省事”

公众号就像一本简单易读的产品操作手册一般，凭借便捷实用的功能与优质服务得到大量粉丝的青睐。

◆ **精细化运营满足核心用户**

“数字政府”建设是广东省头号工程，“粤省事”可以看作广东省政府数字化改革的具体体现。在“粤省事”百万级用户中，男性用户占比约55%，主流用户是消费主力军之一的“80后”。后台数据显示，“粤省事”用户对社保、税务、交通管理、出入境业务尤为青睐。

“粤省事”运营团队在深入分析用户需求的基础上，进行内容及活动规划，使运营工作取得事半功倍的良好效果。“粤省事”账号发布的多篇文章，仅用两、三个小时便能取得超过10万的阅读量。

在内容创作方面，“粤省事”采用“信息发布”和“办理指南”相结合的推送方式。运营团队确定合适的选题后，尽可能地在内容中列举实际案例，并以H5、横屏、动态长图等创新玩法对内容进行呈现。

在活动设计方面，“粤省事”充分结合用户关注的热点。考虑到用户需求的动态变化，“粤省事”平均每两周进行一次活动策划，成功举办了多场热门活动。

2018年8月，“粤省事”推出百项广东公安智慧民生服务。为了对这些便民服务进行推广，“粤省事”联合“广东发布”以及腾讯系渠道进行联合推广，将“交管服务”“出入境服务”等用户关注热点进行宣传，并借助创意海报激发用户主动传播欲望。不到一个月的时间，“粤省事”公众号推送的相关文章点击量超过10万人次，总曝光量高达7079万人次，账号新增粉丝2万人。

“粤省事”公众号由腾讯·大粤网负责运营，后者在政务微信领域拥有丰富的运营经验，拥有以“广东发布”为核心的37个省市区级政务微信资源矩阵。与此同时，“粤省事”上线了同名小程序，由公众号和小程序协同联动，满足用户的多元化需求。

图6–6 “粤省事”微信小程序

2018年9月23日，腾讯·大粤网推出了“中秋思乡距离卡”H5特别策划活动。该活动充分体现了“粤省事”运营团队的强大资源，由“广东发布”“广东交警”“广东农业”“广东人社”“广州外事”“广州消防”“广州女性”“广州公积金”“广州越秀发布”“广东知识产权”“中新广州知识城在线发布”11个政务号联合发布，该H5总PV（页面浏览量）达到50万人次以上。

◆ **“融媒体”运营下的政务平台**

“融媒体”是将人力、内容、渠道等资源进行充分整合，发挥广播、电视、微信、微博、抖音等多元化媒体的联动作用，打造“资源通融、内容兼融、宣传互融、利益共融”的新型媒体。其建设重点是为用户提供一体化的综合解决方案，重点包括构建融媒体云平台、融媒体人才培训、泛区域生活圈打造、政务服务融合四大板块。

对于“粤省事”而言，其融媒体平台建设需要在现有的公众号、服务小程序基础上，开发微信城市服务、智能客服等一系列生活化、本地化的优质服务功能。以智能客服为例，智能客服在为多渠道用户提供高效精准自动应答服务的同时，还能帮助运营人员积累海量的客服数据，并利用大数据、云计算等技术，对客服数据商业价值进行深度发掘。

政务微信公众平台的运营与维护技巧

定位传播：精准触达本地用户

微博平台的开放性较高，相比之下，微博的应用更偏向于个人化，但与微博相似的是，微信也非常注重用户的参与。政务微信在进行信息发布的同时，还突出内容的实用价值。大部分政务微博从本地用户的需求出发，面向全国各地的网友。相比之下，政务微信则以本地用户为主要服务对象，即地方性政务微信针对的是本地用户。

需要注意的是，注重本地化的政务微信账号，难免会面临粉丝规模难以扩大的问题，在账号刚开通时这个问题表现得更为突出。粉丝规模难以扩大，意味着无法用常规方式来衡量政务微信的传播效力。针对这个问题，运营人员应该革新运营思维，将侧重点从粉丝数量转移到粉丝质量上，提高对质量的关注度；另外，要更加看重传播效力，而不只是根据传播范围的大小来评估自身的运营效果。

另外，借助微信的强关系，政府可以促使用户参与到政务信息的传播中，利用口碑效应进一步扩大传播范围。

2013年2月，成都高新区政府“成都高新”微信公众号上线。该公众号主要发布本地的创新创业支持性政策，输出当地的新闻信息，预测、分析企业及各个行业的发展趋势，为用户提供生活服务类内容。在新媒体与自媒体不断涌现的大背景下，成都高新区政府为促进本地的创新创业展开积极探索，利用政务微信公众号传播创业、创新信息，旨在为企业、个人创新创业提供支持。在运营过程中，“成都高新”微信公众号保持较高的活跃度，十分注重与网友的互动，并及时回应公众的反馈。

“广州天气”是广东省广州市气象局推出的微信公众号，通过持续、稳定地发布当地的气象信息，为民众制定出行计划提供有效的参考。针对同一事件，不同职能部门运营的政务微信输出的信息内容也各不相同。比如，庐山地震后，“四川雅安”“微成都”聚焦于灾情报道与救援追踪；以“中山公安”为代表的公安类政务微信聚焦于提醒用户提高财务安全意识；地区性应急部门开设的政务微信，比如“广州应急——白云”则主要教导人们如何在灾害事故发生时冷静应对；以“广州网警”为代表的政务微信则侧重于情感支持，通过为灾区祈福的方式引发人们对此事的关注。

政务微信发布的内容应该符合微信平台本身的特性，符合特定用户群体的个性化需求。微信用户会形成各式各样的圈子，每个圈子都会建立起自己的文化特性，这就决定了不同圈子里的用户群体存在不同的需求。所以，政务微信要对本地用户的需求、偏好进行了解与把握。为此，运营人员可以对用户群体进行划分，根据用户的需求及兴趣点进行相应的信息推送。

微博在信息发布数量上受限较小，但微信的信息推送并非如此。所以，微信账号应该主打原创内容，并使其符合用户的需求与偏好，尽力提高内容的吸引力。

科学运营：吸引公众的注意力

在网络时代下，公众的注意力比较分散，如果微信公众号生产的内容不符合用户需求，用户就会取消关注。为了吸引公众的目光，政务微信应该灵活采用多种措施，提高运营稳定性，逐步建立成熟的工作体系。

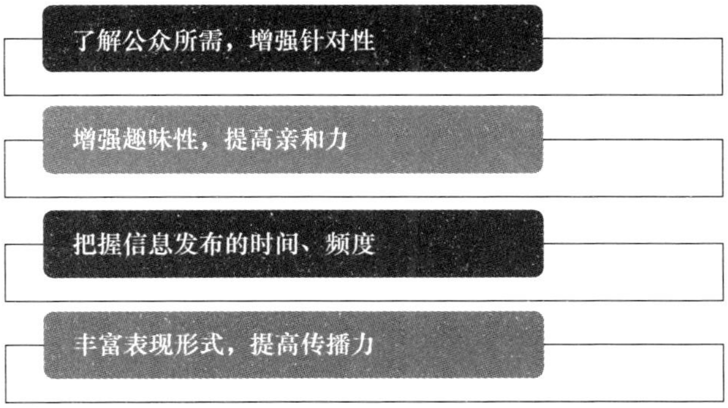

图6-7　政务微信公众平台的运营技巧

◆ **了解公众所需，增强针对性**

政务微信应该切实考虑到民众的切身利益，以其所属单位本身的业务为基础，为公众提供相应的服务。经过分析可以发现，民众认可度较高的政务微信存在以下几个方面的特征：界面简洁、功能针对性强，方便易用；内容多元，形式丰富，能够及时满足民众需求；办事功能全面，操作难度低；互动性强，体现了创意思维。

政务微信可推出多种功能，让民众能够以更加便捷的方式办理多种事务。在这方面，“广州公安”政务微信推出了路况查询、业务办理、进度查询、出入境预约、快撤理赔等诸多功能；“深圳供电”政务微信为民众查询电价、电费，缴费等提供了相应的服务。

◆ **增强趣味性，提高亲和力**

年轻用户在微信用户中占据较大的比重，他们拥有多种多样的爱好，喜欢追逐时尚潮流。为了提高对年轻用户的吸引力，政务微信应该体现自身的时代特征。要想增进与民众之间的联系，政务微信就要站在广大人民群众的角度，使用时下流行的网络语言，选择恰当的传播方式进行内容呈现。举例来说，上海检察机关运营的政务微信推出漫画形象“正义哥”，发布了系列作品“正义哥说检察”，让公众了解自身的职能及工作特性，在推出时便受得到了广泛的认可。

◆ **把握信息发布的时间、频度**

在信息泛滥成为常态的今天，微信运营需要采取有效措施来提升用户体验。随着移动互联网的普遍应用，移动性较强的微信应用能够在很多方面对人们的生活产生影响。

政务微信要注意以下两个方面的问题：

（1）若政务微信无法保持持续性的内容发布，最终沦为“僵尸号”，不仅会失去运营意义，还会对政府的形象产生负面影响，面临用户流失问题。因此，政务微信要及时发布信息、资讯，帮助公众解决问题，注重政民互动，提高粉丝用户的黏度。

（2）如果政务微信仅限于将传统媒体平台上的内容转移到微信上，所产生的效果将十分有限，用户关注度也难以提升。因此，政务微信应该根据微信平台本身的特点，采用合适的方式开展运营，强化与用户之间的沟通交流，发布更具吸引力的信息。

通过统计公共微信账号的信息发布情况可知，单个公众账号的信息发布数量保持在每日1～5条，其中大部分公共账号保持在1～3条。由于信息发布数量受限，需保证其质量。微博的信息发布存在字数限制，微信则不存在这方面的问题。所以，微信的信息可以更加全面地进行内容解读。

另外，为了提升内容整体的视觉效果及其吸引力，可以采用图片与文字相结合的方式。与此同时，要选择恰当的时间进行内容推送，尽量在用户上下班期间或晚上入睡前发布信息。

◆ **丰富表现形式，提高传播力**

微信可采用多种形式进行内容呈现，除了图片、文字之外，还可以使用音频、视频等丰富其表达形式，提升视觉效果，并扩大信息内容的传播范围，实现广泛触达。另外，若采用特殊形式，更容易吸引观众的目光。举例来说，“南京发布”政务微信在母亲节推送了一条特殊的祝福语音，以孩童的声音表达对母亲的祝福与感谢，取得良好的效果。

强化管理：促进可持续发展

政府部门只有注重对政务微信的管理，建立起成熟的工作机制，才能在政策信息发布、服务提供、社会舆论参与等过程中充分体现出政务微信的应用价值。

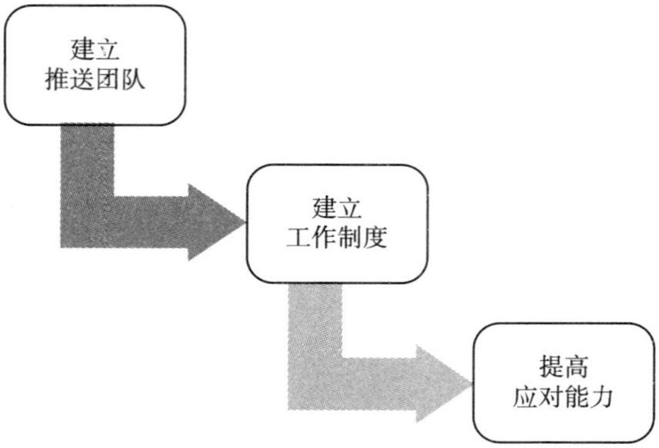

图6-8 政务微信公众平台的管理策略

◆ **建立推送团队**

专业、成熟的微信推送团队应该进行有效的职能划分。具体而言，由运营人员制定平台运营目标，并给出清晰的定位，对用户的需求进行分析与把握，及时获取用户的反馈；由客服人员进行后台信息管理，开展用户运营，并负责与潜在客户进行互动，对咨询信息进行统计，在分析之后迅速提交给上级负责人；由推广人员进行软文营销，通过其他渠道开发粉丝用户；由活动策划人员制定活动策划方案，组织话题活动；由编辑人员进行内容创作与发布，为用户提供精品内容。

◆ **建立工作制度**

运营人员只有建设完善的规章制度，才能维持政务微信的良性运转。为此，不少单位在开通政务微信公众号后，制定了相应的信息管理体制，对管理部门及相关人员的职责进行了划分，对信息审核、发布的步骤进行了规定，据此进行责任追究。针对信息获取、内容审核、内容发布、信息回应等工作任务，部分单位制定了清晰的流程规则。还有单位将线上线下的运营结合在了一起，线上回应反馈，线下进行配合开展行动，能够迅速满足公众的需求。

◆ **提高应对能力**

政府可以利用政务微信调动公众参与的积极性，实施应急管理，进行舆论引导。所以，面对突发事件或热点事件，要充分发挥政务微信的积极作用，及时进行问题处理。事件发生后，公众对获取权威信息存在迫切的需求。在这种情况下，政府机构可通过政务微信及时表明态度，客观还原事件真相，进行舆论引导，安抚民众情绪，避免流言四起。

以2013年的四川雅安地震为例，灾害发生后，由于通信中断，手机无法正常使用。在这种情况下，灾区群众利用微信发布灾情，以文字、图片、视频形式将自己的所见所闻通过微信发送出去，让人们及时了解相关情况。政务微信“微成都”在灾后及时推送相关信息，报道当前的灾情。与此同时，中共雅安市委宣传部也迅速上线“四川雅安”政务微信，进行信息推送。

相关单位需按照规定开展政务微信的运营。在这方面，《即时通信工具公众信息服务发展管理暂行规定》对包括微信在内的即时通信工具的运营方式提出了明确的要求。依据规定，微信运营必须遵守法律法规，维护国家利益与公民的合法权益，不得扰乱社会公共秩序；除新闻单位、新闻网站的微信公众账号外，其他类型的微信公众号只有在得到批准的情况下，才能发布、转载时政类信息。

腾讯颁布的《微信公众平台服务协议》《腾讯服务协议》《腾讯微信软件许可及服务协议》，明确了微信在申请、信息发布、数据使用、支付等环节需遵循的原则，并列出了相应的处罚办法，旨在建设良好的网络环境。政务微信在运营过程中应该遵循这些规定，依据法律法规的要求对自己的行为进行规范，立足长远，提高自身发展的持续性。

【案例】上海政务微信的发展现状与策略

上海于2013年开始率先开展政务微信的运营，并在发展过程中取得了显著的成就。在这个过程中，上海政务微信积极吸取国内外新媒体运营的成功经验，并结合本地区的实际情况进行创新，带动了国内电子政务的发展。

以政务微信的开设单位为依据，可以将上海政务微信划分成三种：

（1）上海各区推出的政务微信，按照微信公众号的信息发布数量、阅读数、点赞数来评价，成绩优异的前三名为“浦东发布”“上海崇明”“上海奉贤”。

（2）上海市委办推出的政务微信，以“上海税务”“乐游上海”“上海教育”为优秀代表。

（3）上海重要机构推出的政务微信号，包括共青团上海市委员会、上海交警总队推出的微信公众号，服务于上海市民的日常生活，其中，以共青团上海市委员会运营的“青春上海”为杰出代表。

◆ **服务**

上海市推出了很多订阅类政务微信，但其服务功能还有待开发。查询服务是这类公众号常见的功能项目。具体包括路况查询、天气查询、交通记录查询、交通卡余额查询、个税查询等，多关系到市民的日常生活。此外，一些订阅号还推出了预约服务，比如，“上海发布”推出了结婚登记预约、社群事务受理服务预约功能。

与订阅类政务微信相比，上海市的服务号数量虽然并不多，但其推出的服务项目更加丰富。比如，“上海公安出入境管理”服务号在具备查询与预约服务项目的同时，还推出了业务申请及支付服务，用户在进行网上预约之后，可凭借预约信息到服务大厅进行业务办理。也就是说，目前服务号推出的在线业务只包含了部分流程的操作，还无法进行全流程的办理。此外，包括订阅号及服务号在内的微信公众号均推出了投诉服务。

◆ **互动**

基于微信平台本身的特性，政府部门可通过政务微信与民众进行良好的互动。可以将互动方式划分为回复性互动、调查投票互动、线下活动互动。其中，回复性互动包括自动回复、人工回复与智能回复三种，多数微信公众号会将这些回复方式结合运用。

最为普遍的是自动回复，绝大多数政务微信都具备自动回复功能；采用人工回复方式的政务微信仍为少数，且以订阅号为主。具有代表性的如“青春上海”，通常会在用户提问当天给出回应。

随着人工智能技术的发展，越来越多的微信公众号推出了智能回复功能，利用智能应答机器人对用户提出的简单的问题进行回复。“上海市闵行区图书馆”采用的“小敏”智能机器人是这方面的典型代表。

调查投票互动使用的频率较高，很多政府部门利用政务微信面向市民展开了问卷调查，或发起投票参与活动。

◆ **发布**

从信息发布频率来看，订阅号类的政务微信活跃度更高一些。不同政务微信的信息发布频率也各不相同。比如，“青春上海”每天发布四条信息，“上海发布”每天发布五条信息。从发布形式上来看，政务信息可以采用文字、图片、音频、视频等多种信息呈现方式。一般来说，政务微信会同时采用几种形式，比如以图片搭配文字，或者视频搭配文字的方式进行内容发布。

总体来看，政务微信多采用图文结合的方式进行内容呈现，对音频、视频的使用率较低。因为图文结合形式能够让用户在花费较低流量成本的基础上读取更加全面的信息。政务微信在发展过程中也在积极探索新形式。比如，上海科协在其政务微信中向市民普及科学知识时，会采用漫画方式将信息更为生动形象地展现出来。

综合分析上海市政务微信的发展情况可以看出，目前上海市政务微信的发展水平在国内比较领先，具有政务微信数量较多、信息类型多样、活跃度较高、查询功能比较成熟等特点，与此同时，上海市政务微信还在积极探索新的公众号回复方式，并开发出了更多的服务项目。

广东自然资源：政务微信的运维技巧

政务微信新闻采写的四种形式

通常情况下，专业媒体机构会建立起比较成熟的采编制度，相比较之下，很多政务机构的宣传部均存在人员数量较少、专业水平低、规章制度不完善等诸多问题。并且，有些政府部门的宣传人员还是以兼职方式承担工作的。他们在岗位设置不完善、职责划分模糊的情况下，很难做出工作成绩的。为了避免这种问题的出现，政府部门应该提高对宣传工作的重视程度，组建专门的新媒体运营团队，建立政务新媒体运营管理体系，并在发展过程中不断进行完善。

以“广东自然资源”（更名前为“广东国土资源”）政务微信为例，其运营团队制定了明确的宣传工作步骤，具体包括以下六个步骤：采写、编辑、校对、审核、发布、回复。该团队的主要构成人员包括四人，其中两人负责采写，另外两人负责编辑工作，由兼职人员完成其他工作。

虽然每组只有两个成员，但采写组与编辑组依然有明确的分工。采写组中的一人负责采写信息，另一人负责实地报道；编辑组中的一人负责整体运营，另一人负责编辑内容。这种“四人六步”模式能够以高效的执行力、完整的运行机制保证了政务微信的稳定运转。

可以将采写形式划分成以下几种：会议活动采写、实地采访编写、收集材料编写、政策文件解读。

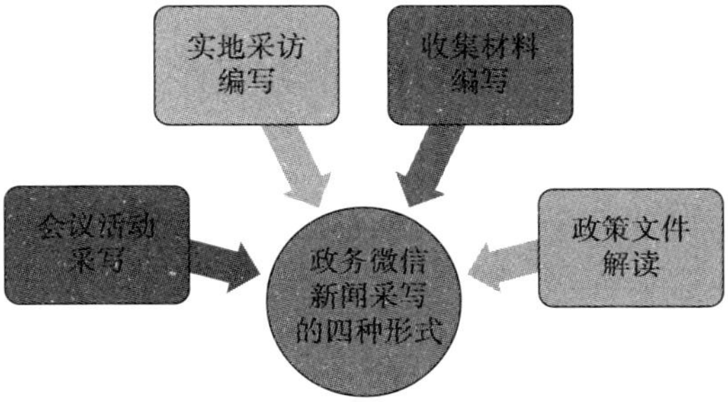

图6-9　政务微信新闻采写的四种形式

◆ **会议活动采写**

政务新媒体在运营过程中时常要进行会议活动采写。采写与政务工作相关的信息，表现会议活动精神。采写人员可以汇集政务类新闻内容，比如对重大会议的重要工作内容、精神主旨进行采写；也可以采写政治学习类的信息，比如分析总结如何发展事业项目。

会议采写类文章拥有新闻写作的共性特征，同时能够体现出新媒体的性质。采写人员可以采用撰写标准新闻信息的方式，适当进行事件表述与描写，对会议观点进行呈现，在体现信息权威性的同时，灵活进行内容表达。

◆ **实地采访编写**

采访结束后要进行文章撰写，在侧重于实地采访的同时，用网络渠道、电话渠道进行配合；要根据采访流程的要求，在递交采访函之后再进行采访。采访人员领到上级布置的采访任务后，第一步要联系与主题活动相关的人员，明确议程流程，进行背景调查，搜集相关资料，为后续的采访工作打下基础。如果采写人独立策划采访活动，则需向采访单位递交采访通知，然后再进行采访。采访工作通常由两人承担，其中一人进行文字编写，另一人进行图片摄制。

采访结束，要将采访成果呈现出来，通常要求在采访当周完成文章撰写工作。为了保证最终的采访效果，应该制订相应的计划。在这方面，“广东自然资源”政务微信出台《月度采写计划》，根据计划开展采访活动，并保证成果的最终质量。

◆ **收集材料编写**

可通过不同渠道获取文章素材，对素材进行加工，文章的原创性相对较低，属于改变文章。具体而言，这类文章又包括三种类型：汇编型文章、改编论文型文章、政务信息类文章。

省级部门可以对不同地区、不同部门发送来的素材进行整合，完成文章汇编。《扫黑除恶|严打国土资源领域违法违规行为，各地在行动》为这

类文章的典型代表。

对业务技术素材进行改变，加工成适合在新媒体平台发布的内容，以《分享|国内外卫星遥感数据源综述》为例，该文章介绍了国内外卫星遥感数据的作用，是从专业技术研究者那里搜集的素材，在进行改编加工后降低了文章的理解难度，使其更适合在新媒体平台进行传播。

◆ **政策文件解读**

政务类新媒体平台在日常运营过程中时常会发布一些政策文件解读信息，具体类型包括两种：

一种是业务部门颁布政策文件时推出的解读性文章，《解读|各地“三旧”改造新政有哪些创新点？》为这方面的代表。

另一种是采写人员围绕业务部门颁布的政策文件对其进行解读。“广东国土资源”政务微信主要推送业务部门制定的解读文件，如果业务部门未给出解读文件，就需要采写人员围绕政策文件撰写解读文章，在文章得到业务部门的认定后进行传播。《粤出台村土地利用规划编制三年行动方案，村土地利用规划不得随意突破或修改》就是该政务微信发布的政策解读文章。

采写人员要注重对素材的存储与管理。结束采写与图片摄制工作后，要及时根据上级规定把获取到的素材存储起来。新闻素材通常采用文档、图片与视频形式，需要通过信息系统进行素材存储及管理。

政务微信标题拟定的三大法则

在运营过程中，“广东自然资源”政务微信借鉴了以人民日报、新华社为代表的新媒体的成功经验。类似于人民日报、新华社，“广东自然资源”也代表着官方立场，该平台的相当一部分内容获取自政策文件、新闻通稿。这类内容需体现出权威性，主打严肃风格，与重大新闻事件相关的信息内容，包括正文及标题在内，都要精确到每一个字。

然而，传统新闻通稿的标题在今天已经难以获得用户的关注，要想扩大其信息传播效力，就必须进行适当的加工。即便如此，其标题制定也必须符合准确性原则，而不应只为了聚焦用户目光不考虑其实质内容，应该在确保准确的基础上兼顾标题的吸引力。

新媒体时代，在确保标题符合客观事实的基础上，可采用通俗化的语言进行内容表达，使其更容易得到传播。政务新媒体一定要先保证标题的准确性，然后再考虑其吸引力。标题的吸引力固然重要，但若违背了“准确性”原则，就会给政府部门的形象带来不利的影响。只有兼顾准确性与吸引力，才能促进文章的广泛传播，将其打造成爆款内容。

通过分析政务新媒体的标题制定方法，可以总结出以下三点经验：注重细节，设置悬念，紧贴社会热点。

举例来说，政府官网常采用传统的新闻通稿标题，具体代表如《省国土资源厅召开年度重点工作督办会议》《过节不停工，分秒必争——全省抢抓垦造水田施工黄金期开足马力》等，如果在微信公众号发布这两篇文章，需要对标题进行适当地加工才能提高其吸引力。

可以将其标题设定分别为《省厅督办重点工作：苦战三个月，结果论英雄》《国庆“黄金周”变“攻坚周”，垦造水田现场“热度”不输景区》，然后放到微信公众平台，在加工过程中要注重细节的呈现，从文中抓取重要的细节来进行内容表达，通过这种方式提高标题的吸引力。

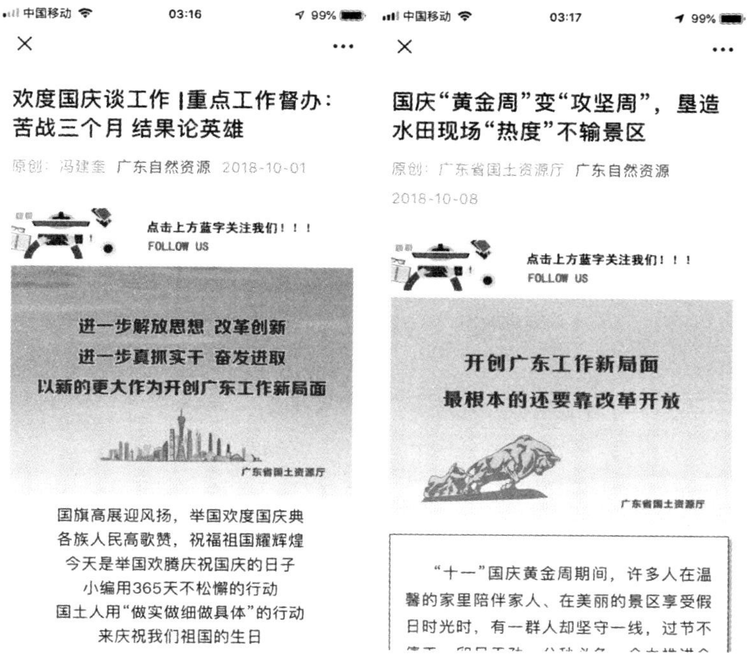

图6–10 "广东自然资源"政务微信文章

还可以通过设置悬念来提高标题的吸引力，举例来说，《刚刚|广东2市6县（区）被约谈……》《"想成功报批一宗新增建设用地已很困难"，成立这个组织……》等文章就采用了这种方式，促使读者点开文章查看具体内容来揭晓标题的答案，通过这种方式提高内容整体的吸引力。

另外，也可以向社会热点靠近来提高标题的吸引力。热点元素可以是重大人物，也可以是社会上发生的重大事件，举例来说，《划重点！习近平报告，这四个概念很重要》是向重大人物靠近。在《流浪地球》热映期间，很多文章的标题都通过贴近这个热点来吸引公众的目光。

在具体实施过程中，可以灵活运用这三点经验，根据自身需求及具体情况进行适当的调整，或者采用综合手段，将其中的两点甚至是三点结合起来。

政务微信内容策划的七项流程

政务新媒体在进行内容编辑时多采用文字与图片相结合的形式。与采写人员一样，编辑人员也要具备足够的能力，还要掌握多种技能。除了要具备文字表达能力之外，还要学习相关的业务知识，并且要了解新媒体文化，熟悉网络热词；除了具备策划能力之外，还要具备绘画功底；除了具备政治责任感之外，还必须能够及时抓住网络热点。

编辑人员要站在全局角度进行策划，其工作开展需要经历以下七个步骤：策划、选题、整理、编辑、校对、修改、发布。

“广东自然资源”有两个编辑人员，其中一个进行总体的策划并确定选题，另一个进行内容编辑与推送。

策划与选题是非常重要的两个环节，“广州自然资源”依据《每周推送计划表》，定期确定选题。这项工作与《月度采写计划》共同执行，要求采写人员在规定范围内提交采写成果。与此同时，该政务微信还会推出新媒体产品，包括微信小程序、H5等，这些工作同样要根据先前制订的计划来实施。

接下来要进行整理与编辑，编辑人员每天都要对获取来的素材进行处理，为后期的文章编写打下基础。编辑本身的能力会对最终的文章呈现效果产生很大的影响。经验丰富、能力较高的编辑，能够将晦涩难懂的政务素材改编成通俗易懂的新媒体文章，还能采用恰当的表达方式进行高效的内容呈现，使其在新媒体平台广泛传播。

举例来说，“广东共青团”发布的《广东沿海台风营救！中国机长倒飞直升机，大片都不敢这么拍》一文，生动形象地描写了交通运输部的救援人员在台风中以专业的飞行驾驶技术提供救援的场景，其阅读量超过10万。相比之下，广东国土资源的编辑能力仍有很大的提升空间。

校对也是编辑工作中的关键步骤。有些新媒体团队本身的专业性有所欠缺，受限于其教育经历不足等原因，在文字运用能力方面存在短板，难以察觉到自己在表达方面存在的问题，校对则能够在很大程度上解决这些问题。

“广东自然资源”初期以集体轮流校对与统筹人员校对相结合的方式来减少失误，虽然这种方式能够保证文章质量，但需要付出大量的时间成本。后期改成编辑初校与统筹校对相结合的方式，并要求统筹编辑承担相应的责任。在具体校对过程中，校对人员需要对标题、摘要、封面图、具体内容、文章来源等众多环节进行审核。

很多政务新媒体的编辑人员缺乏工作经验，本身的专业性也有所欠缺。但编辑人员需要清楚的一点是，除对现有的新闻素材进行加工之外，他们还应该具备原创能力，要在新媒体上发布自己独立创作的文章，而不仅仅是改编文章。

政务微信审核发布与绩效考核

◆ 重视审核，规范发布

现阶段，很多政务新媒体部门面临人员短缺的问题，部门成员承担着较大的工作压力，容易出现发稿安全问题。为提高运营的规范性，新媒体部门需要建立严格的审核机制。需要注意的是，政务新媒体的审核机制与传统媒体之间还是有差别的。传统媒体的审核要求更高，比如，报社的报纸在出刊前需要经过社长与主管部门负责人的把关。

与传统媒体不同的是，政务新媒体将更多的审核工作交给了下级领导来完成。对政府机构来说，政务新媒体也发挥着十分重要的作用。但为了提高运营效率，政务新媒体的审核工作更多交给其所属部门的负责人来完成。只要不是特殊情况，在经过部门负责人把关之后就能进行内容发布，无须再提交给上级领导。

所以，政务新媒体的内容及其运营情况与新媒体部门负责人本身的能力存在很大的关系。新媒体部门负责人应该严格要求自己，运用战略思维，更加长远的角度来考虑问题，勇于承担责任，注重培养自身的创新意识。未来，政务新媒体将对内容审核提出更高的要求，切实保障整体的工作质量。

以平台类型来划分，“广东自然资源”的内容把关方式有两种。信息提供方负责政务信息的审核，采用政务系统中的电子审核流程进行把关；部门负责人或业务项目负责人对微信公众号、微博信息、留言选取、回复内容进行把关，重要内容还要经过上级领导的审核。

很多新媒体机构就文章发布的理想时间进行了分析，并在实践中展开了探索。在这方面，有运营者从用户的阅读习惯出发，认为用户每日上班后为文章发布的最佳时段，也有人认为每日下午四时为文章发布的最佳时段。在进行实践探索后，广东国土资源选择在每日凌晨进行文章推送。

◆ **考核排行，团队激励**

对于传统媒体建立的完善的考核机制，新媒体不能进行套用。在这方面，广东国土资源探索出了自己的模式，采用量化方式进行考核。按照规定，采写人员需围绕重点政务工作寻找民众普遍关注的新闻信息，其采写成果不能少于一周三篇，且要求为原创。编辑人员的工作成果不能少于一周两篇文章，通过微信公众号发布的文章数量不能少于一天三篇。

另外，为了调动采编团队的工作积极性，广东国土资源还推出了排行考核方式。具体包括“微信公众号每周点击量排行榜”“每周采写排行榜”“每周编辑排行榜”等。为了调动各部门的工作积极性推出了来稿刊稿排行方式，具体包括“市局来稿刊稿排行榜”“厅属单位来稿刊稿排行榜”等。

第七章

政务抖音：短视频时代的政务模式创新

抖音赋能：推动媒体融合向纵深发展

抖音短视频：政务传播新阵地

作为最受年轻人欢迎的音乐短视频平台，抖音不仅吸引了很多企业入驻，还吸引了很多政务机构入驻，成为政务机构宣传自身形象、传播正能量的新媒体平台。

2018年8月31日，抖音与生态环境部、国家卫生健康委员会、国资委、中国铁路总公司、新华网、央视国际频道、国际在线等11家政务机构联合举办了一场政务媒体抖音号大会，正式发布政务媒体抖音账号成长计划。在这次大会上，抖音负责人表示将通过培训等措施帮助政务抖音号快速成长，完成树立自身形象、传播社会正能量的目标。对于政务机构探索抖音短视频传播途径来说，这场大会的召开具有重大意义。

早在中国共产党第十八届中央委员会第三次全体会议上就有人提出“要推进社会治理体系与治理能力现代化”。对于治理能力现代化来说，现代传播能力是非常重要的组成部分，各机构、各部门应采取各种措施推进现代传播能力建设。

现代传播能力的关键指标就是能够对海量用户，尤其是海量年轻用户产生引导作用。而短视频平台积聚了数以亿计的年轻用户，成为一个新兴的舆论阵地，成为政务机构建设现代传播能力的重要支撑。为此，政务机构、新闻单位应加大在短视频平台的内容供给，通过短视频这种可视化的表达方式占领这个新的传播阵地。

在众多短视频平台中，抖音短视频平台的用户规模庞大，而且年轻用户占比较高，短视频形式更容易被用户接受。所以，政务新媒体将抖音短视频作为建设现代传播能力的核心平台是一个非常明智的选择。

◆ **抖音短视频已经有足够数量的用户**

现代传播能力建设需要对用户做好服务与引导工作，“要求用户在哪里服务就在哪里，用户需要什么就为其提供什么”。目前，我国互联网用户已经达到了8.02亿，在此环境下，政务机构的现代传播能力建设需要做好互联网用户的引导与服务。目前，抖音短视频国内日活跃用户（DAU）突破2.5亿，月活跃用户突破（MAU)5亿，成为国内最重要的短视频之一。所以，政务新媒体选择抖音短视频平台作为新的宣传阵地，可以很好的对互联网用户进行引导，为互联网用户服务。

◆ **抖音短视频以年轻用户为主体**

现代传播能力建设要做好对年轻用户的引导与服务。年轻人是国家的未来、民族的希望，政务新媒体要做好对这类群体的引导与服务。在抖音短视频中，年轻用户的占比最大。根据抖音短视频官方提供的数据，在抖音所有的用户中，35岁以下的用户占比90%。因此，抖音短视频备受政务新媒体青睐。

◆ **抖音短视频的方式更易为用户所接受**

现代传播能力建设要讲究方式方法。随着移动互联网的覆盖范围越来越广，智能手机实现普及应用，可视化、碎片化传播时代已经来临，网络短视频成为网民，尤其是年轻一代的网民浏览信息的主要载体，成为政务新媒体实现传播的最佳方式。从用户的视角来看，短视频比文字更易理解；从政务新媒体层面来看，短视频的应用门槛较低，操作起来更简单。

政务抖音：助力媒体融合发展

随着网络传播的形态、方式不断发展，政务新媒体的运行规则也在不断改变。当政务新媒体呈现出矩阵化特征时，短视频就能以备受年轻人喜爱的方式使政务宣传的总体效能得以充分发挥。目前，对于政务新媒体来说，如何将自己的宣传引导作用发挥出来，如何不随波逐流、不被娱乐风气浸染是一个亟待深入研究的课题。

◆ 四大措施，助力政务新媒体发展

（1）专业培训。抖音短视频与各界专家学者、优质短视频创作者、媒体行业的从业者合作，为政务新媒体抖音号开展线上、线下培训，提高政务新媒体从业人员的短视频制作技能与运营能力，进而推动政务新媒体抖音号实现更好的发展。

（2）制作升级。抖音平台将与顶级的视频制作机构合作，为政务媒体抖音号提供短视频拍摄、剪辑等方面的指导，帮政务媒体抖音号制作出优质的短视频，并邀请平台的正能量达人参与短视频拍摄与制作，将政务机构、媒体机构的想法通过合适的拍摄技巧完美地呈现出来，使政务新媒体短视频的质量得以切实提升。

（3）百号百万粉。抖音计划用一年时间，通过正能量专属流量倾斜等方式，打造一百个拥有百万级粉丝的政务媒体抖音号。借助平台的利好政策，将有一大批政务媒体抖音号迅速崛起。

（4）正能量活动合作伙伴招募。抖音平台计划与政府媒体机构联合，每周举办一次与正能量相关的活动，吸引普通的抖音用户参与，让正能量实现大范围传播。

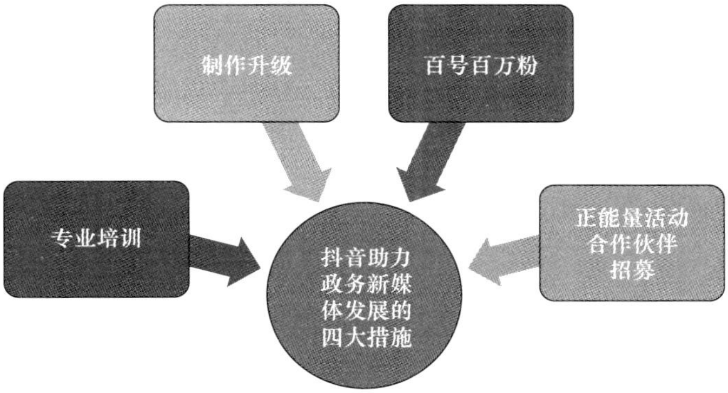

图7-1　抖音助力政务新媒体发展的四大措施

2018年8月，国家网信办组织召开了一系列网络短视频正能量内容建设座谈会。在座谈会上，网信办相关负责人提出鼓励主流媒体及政务机构、人民团体、企事业单位、社会组织等入驻短视频平台，开通官方账号，或与短视频平台合作进行可视化宣传，对政策进行解读，扩大宣传范围，提高宣传效果。目前，在我国短视频领域，抖音短视频平台年轻、有活力、正能量，成为政务机构、主流媒体等入驻短视频平台的首选。

目前，正处于高速发展阶段、拥有巨大发展潜力的抖音为入驻的政务机构、主流媒体带来了不错的红利。再加上网信办的鼓励，未来，将会有越来越多的政务机构、主流媒体入驻抖音短视频平台，政务新媒体抖音号也将越来越多。

◆ **增加公信引发共鸣，媒体短视频助推融合发展**

抖音政务号的崛起，吸引了大量政府部门入驻抖音，并创作发布政务短视频内容。在此过程中，催生了一系列优秀的政务短视频作品，它们或富有创意、或好玩有趣、或接地气等，提高了公众和政府部门的互动积极性，为政务信息传播开辟了新阵地。

人民网舆情数据中心发布的《短视频“正能量”传播研究报告——以短视频平台抖音为例》报告，对抖音政务号机构的特征进行了详细分析。该报告中指出，抖音政务号机构级别呈现出国家、省级、市县的金字塔结构分布，政务抖音号涵盖的机构类型多达110种，其中，数量排名前三的是旅游类政务号、公安类政务号及地方发布类政务号。

随着越来越多的政府部门入驻抖音，并将抖音作为传播正能量、扩大公信力的重要工具，大量记录真情、传递温暖的政务短视频内容开始在网民群体中广泛传播。在这种背景下，政务抖音将在政务新媒体运营中发挥更为关键的作用，与微博、微信、政务App等形成联动效应，在提高政府部门公信力和权威性的同时，也将推动媒体的融合发展。

◆ **加强平台内容建设与监管，营造清朗网络空间**

目前，国内短视频平台普遍存在视频内容质量参差不齐，内容同质化、低俗甚至违法内容快速扩散等问题。对于抖音而言，要想解决这些问题，需要进一步加强平台的内容建设和监管，帮助抖音政务号等内容创作者提高内容生产力；引导用户健康消费短视频内容；对违规违法内容生产者进行严厉惩罚等。

为此，抖音需要充分借助大数据、人工智能等新兴科技，提高内容审核效率与质量；积极举办短视频赛事，引导传播正能量的优秀短视频作品实现广泛传播；推出“向日葵计划”等活动，保护未成年人用户；制定网络社区自律公约，加强用户守法意识等。

移动互联网时代，信息传播呈现出可视化、碎片化的特性，短视频作为最受网民青睐的内容载体之一，应该得到各级政府部门的高度重视。整体来看，政务抖音的健康有序发展，需要政府部门、平台方、社会机构及广大用户的携手合作，为政务短视频内容生产、传播与消费营造积极健康的网络空间，最终造福亿万民众。

政务抖音号的发展特征与趋势

2018年3月，共青团中央和中央政法委官网入驻抖音短视频平台，掀起了政务机构入驻抖音短视频平台的热潮。据洋葱智库发布的2018年《抖音政务账号分析报告》中显示，截至2018年6月，抖音官方认证的政府机构及媒体政务号已有500多家，截至2018年10月，政务抖音号超过了3000家，形成了很多特色鲜明的政务短视频群组。

政务新媒体在抖音平台高速发展主要表现为以下两点：

◆ 政务新媒体账号越来越多

2018年3月8日，中央政法委官方网站中国长安网入驻抖音平台成为第一个政务抖音号，此后，一大批政务机构相继入驻抖音平台。截至2018年9月，抖音平台上的政务号达到2240个。目前，抖音政务号涵盖了很多不同类型的机构，比如旅游机构、法院、公安机构、文化机构、共青团等。

（1）政法系统类。

在各类政务抖音号中，政法系统类抖音号占比达到38%，是政务抖音号中的一个大类。其中，“北京SWAT”是一个现象级的大号，凭借一条短视频收获了252万粉丝，获得了854万次点赞，引起了不小的轰动，吸引其他特警部队争相模仿。

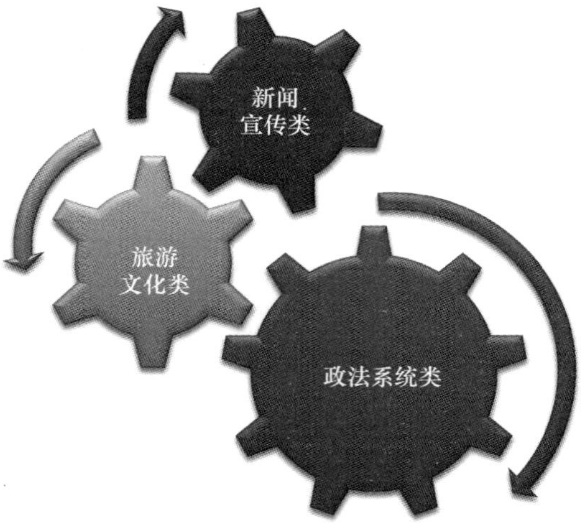

图7-2　抖音政务号的三大类型

（2）旅游文化类。

旅游文化类账号的申办者多是各地的旅游发展委员会，比如西安、重庆、济南等城市的旅游发展委员会都在抖音开通了官方号，打造了很多知名景点，吸引了大量旅游群体前来“打卡”旅游。

（3）新闻宣传类。

在人民网、中国长安网的带领下，一大批官方媒体、科研机关、地方宣传部门入驻抖音平台。比如航小天、人民网、中国之声、央视新闻、全国党媒信息公共平台、中国网等。2018年4月24日，央视一套入驻抖音成为第一个抖音媒体号，此后，有600多家抖音媒体号陆续开通。

◆ **政务新媒体抖音号取得了极好的传播效果**

（1）政务新媒体抖音号的视频发布量、播放量大幅增加。政务新媒体抖音号上线不到半年就发布了近10万条短视频，视频播放总量达到了500亿次，其中，政务抖音号的视频播放量达到了415亿次，媒体抖音号的视频播放量达到了162亿次。

图7-3 主流媒体抖音号

（2）粉丝增长速度快，出现了很多爆款短视频。根据国家网信办官方账号“网信中国”发布的数据，共青团中央的抖音号上线两个月积累了90万粉丝，获得的点赞量超过了1400万。北京市公安局反恐怖和特警总队抖音号“北京SWAT”发布的第一条短视频在12小时内播放250万次，点赞量与评论数共计7万。

（3）有利于解决实际问题。2018年6月7日，广西南宁兴宁区人民法院将十名“老赖”的悬赏信息制作成短视频在抖音平台发布，十天后，一名被执行人主动到法院配合执行。这一事件受到了最高人民法院的高度关注，还获得了人民日报的专题报道。抖音成为政务机构执法的新利器。

目前，抖音已成为政务新媒体的新阵地，这一点毋庸置疑。未来，随着抖音平台出台一系列新举措，比如专业培训、制作升级、正能量伙伴招募、百号百万粉等，尤其是随着国家网信办鼓励政务新媒体在抖音等短视频平台开通官方账号，政务新媒体必将在抖音平台上实现更好的发展。

【案例】“接地气”的城市形象呈现

作为一种可视化传播方式，短视频最看重的就是形象呈现。通过对政务抖音号发布的短视频内容进行分析可以发现，警察形象宣传、正能量、军人形象宣传、城市宣传、知识科普、公益宣传、中国力量等是最常见的主题，个人形象宣传、组织机构形象塑造，乃至城市形象、国家形象的呈现是政务抖音号宣传的核心主题。在上述主题中，城市形象宣传是最“接地气”的一个主题。

凭借着海量的流量，很多城市在抖音平台上一举成名，迅速成为“最受网友喜爱的旅游地”，打造出很多热门景点与产品，比如重庆的“洪崖洞”、西安的“摔碗酒”、济南的“连音社”等。在此形势下，各城市相继踏上了抖音营销之路，抖音短视频成为一种最流行的城市宣传方式。

图7–4 城市形象宣传类抖音号

截至2019年8月，“济南市文化和旅游局”的抖音号发布了480多条短视频，内容大多是展示当地的景点、人文特色等，其中，一条济南夜景延时摄影短视频获得了3万多点赞，受到了很多网友的称赞。

西安，一个以文物古迹著称的城市，在“5·18国际博物馆日”前一天，陕西历史博物馆与其他六大博物馆联合发布了一条名为“第一届文物戏精大会”的抖音短视频。在这条短视频中，兵马俑唱起了rap，“魔性”十足。这条短视频上线4天，播放量就突破了1亿。

另外，西安交警支队官方抖音号还发布了一条短视频，在这条视频中，一百多辆警车拼出了三个字——大西安，警车上的警灯交替闪烁，场面十分壮观。这条短视频在抖音平台上线之后获得了疯狂传播，点赞量达到了百万级。这条短视频引起了网友的热议，有的网友表示震撼，并声称一定要去西安旅游；有的网友则认为使用百余辆警车拍摄这样的短视频成本太高，提醒政务机构在利用短视频等新方式进行宣传的同时，要合理利用公共资源。

社会学者曼纽尔·卡斯特在《网络社会的崛起》一书中提出了这样一个观点：因为交通运输及通信媒介不断发展，人类社会形成了一个高度链接的网络，在这个网络中，一个地方就是一个节点。在全球网络中，一个城市要想不被遗弃就必须成为独具个性的节点，为此，城市必须明确自己独有的区位优势，塑造独具特色的城市形象，避免同质化。

在这个网络中，北京、上海、深圳等城市是重大节点。除此之外，还有很多二三线及以下层级的小城市，这些城市的影响力无法与北京、上海、深圳等国际化大都市相比，要想获得关注必须展现自己的独特之处，而且这些独特之处必须通过标志性的符号展现出来，将城市形象与口号、符号进行深度捆绑，迎合社会大众标签化的认知习惯。

上面说到的利用抖音重塑形象的重庆、西安等城市就非常擅长利用“符号”。比如，重庆利用城市本身“以江为池、临崖而筑”的特点，对“穿楼而过的轻轨”、被誉为《千与千寻》现实版的洪崖洞等符号进行大力推广，将这些符号制作成短视频在抖音平台发布，激发了人们前往重庆旅游、探索重庆的冲动。据统计，在2018年五一期间，重庆接待游客1735万人次，其中洪崖洞接待游客14万人次，同比增长120%。

美景、美食、民俗类城市符号既有辨识度，又具有生活化的特点，很容易激发人的内在情感，与人建立情感链接。正是基于这一点，抖音平台发展出了四个城市形象的符号载体，分别是城市音乐（BGM）、本地饮食（Eating）、景观景色（Scenery）、科技感的设施（Technology），概括为BEST。通过这四大符号，一个城市的形象可以淋漓尽致地展现出来。

运营攻略：政务抖音号运营实战技巧

裂变传播：契合抖音传播特性

政务机构利用抖音短视频平台开展传播活动，不仅要转变思维，还要采用符合短视频特性的传播方式、传播内容与传播话语。简单来说，政务机构的抖音传播要做到以下几点：

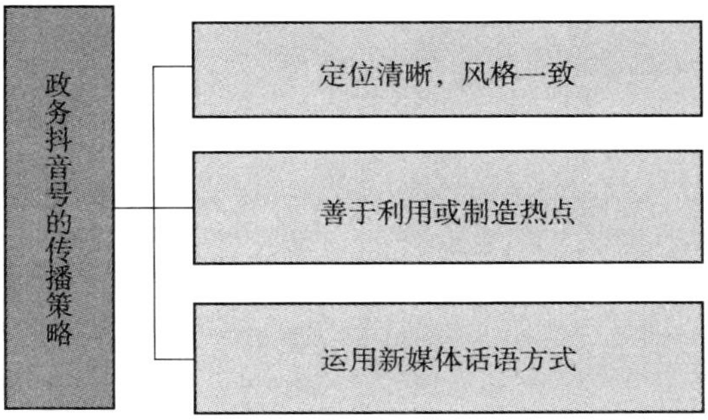

图7–5　政务抖音号的传播策略

◆ 定位清晰，风格一致

在新媒体时代，政务号要想获得用户喜爱，必须明确自身定位，打造人格化的账号属性，稳定、持续地输出调性一致的内容。比如，“北京SWAT”在抖音平台上线之初就发布了一条武警日常训练的短视频，之后发布的所有内容都与此有关，出境人帅气俊朗、充满正能量，塑造了阳光、硬朗的特警形象，让观众心生敬意。同时，账号运营人员积极回复网友留言，语言幽默，惹人喜爱。

◆ 善于利用或制造热点

组织与机构不是一个客观存在的实体，要想被受众感知、看见、传播，必须树立一个清晰的、个性鲜明的形象，俗称“人设”。人设自带流量，有利于内容快速传播，迅速吸引用户形成一个用户聚集体，实现裂变传播。

同时，抖音平台的热点稍纵即逝，政务新媒体必须紧抓热点，用故事、情景剧等普通用户喜闻乐见的方式将信息呈现出来。热点往往凝聚了很多注意力，如果政务抖音号能将热点与自己的账号特性相结合，辅之以一段感人的音乐或节奏感较强的音乐，很有可能直击人心，取得意想不到的效果。

比如，“北京SWAT”入驻抖音平台后发布的第一段视频使用的就是“和平精英”（原“绝地求生”）的背景音乐，让观看者热血沸腾。另外，“北京SWAT”还在高考期间在抖音平台发布了一则北京警察院校的视频，唤起人们孩童时立志当警察的梦想，吸引学子报考警察院校。

作为一种高级社会化动物，人需要与他人互动、沟通，增强凝聚力。为此，政务抖音号可以在抖音平台发起挑战赛、视频合拍等活动，通过这些活动增进与粉丝的互动，增强粉丝的黏性。

◆ **运用新媒体话语方式**

政务抖音号要多使用新媒体话语方式，比如在视频配文中使用口语、短语、语气词、网络词汇等。比如“中国警察网”为短视频的配文“没有丝毫犹豫的纵身一跳，除了点赞就是打call”，“点赞”“打call”都是当下非常流行的网络词汇。

因为抖音平台的用户以年轻用户为主，这些流行语的使用可以迅速获得他们的好感。另外，政务抖音号要多使用女性化表达方式。因为女性用户在抖音用户中的占比较高，为了拉近与这部分用户之间的距离，政务抖音号要多使用“小哥哥”“蜀黍”等词汇。

习近平总书记对新时代党政宣传的要求就是“读者在哪里，受众在哪里，宣传报道的触角就要伸向哪里，宣传思想工作的着力点和落脚点就要放在哪里”，也就是让“主力军”进入“主阵地”。政务机构入驻抖音就是响应习近平总书记这一号召的重大举措，但在实践过程中，政务机构入驻抖音还有很多工作要做，比如磨合、适应、培训、实践等。为了让政务机构顺利入驻抖音平台，政企合作、专业指导等一系列举措正在逐渐落地。

内容运营：人格化的表达方式

◆ 内容输出稳定统一

在抖音平台表现不俗的政务抖音号有一个共同的特点，就是它们都在坚持输出调性一致的内容，或凭借一条视频深入人心，或在某个垂直领域深耕，以树立鲜明的账号形象。比如“北京SWAT”与“平安徐州”立足于本机构的特色，与社会热点相结合，持续输出与本机构有关的内容，在抖音平台树立起了独一无二的账号形象。

政务抖音号要想让自己的内容获得较好的传播，必须保证内容有创意，故事性强，而且要以连载的形式发布内容。比如“北京SWAT”的短视频不是简单的说教，聘请一个主播讲述特警训练的辛苦与不易，而是直接将特警的日常训练通过视频的形式展现出来，而且是连载播放。新颖的形式，加上酷炫的内容，引发了用户强烈的情感共鸣，每条视频都获得了极高的点赞量。

另外，对于政府部门、政务机构来说，政务抖音号可作为新的宣传阵地，帮助社会大众树立正确的三观。所以，制作人员在选择拍摄题材时要尽量选择正能量的话题、社会大众关注度高的热点事件或节日题材。

◆ 内容凸显部门特色

每个政务部门都有自己的职责，所以，政务抖音号要立足于本部门的特色，明确运营目标，持续输出优质的、独具特色的、一致性的内容，获得抖音用户的持续关注。比如“北京SWAT”发布的79条内容全部与反恐、特警实训及抓捕救援活动有关，多角度展示特警的工作日常、生活日常，增进普通民众对特警的了解，让民众认可特警，尊重特警。因为这类内容是其他账号很难生产的，具有一定的独特性，又体现了机构特色，发布之后获得了很好的反响。

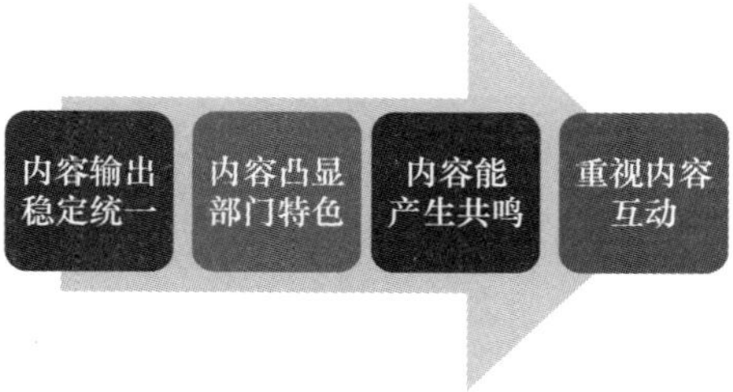

图7–6　政务抖音号的内容运营技巧

◆ **内容能产生共鸣**

用户沉迷抖音不只是因为视频画面精美，还因为短视频内容令人着迷。这些内容不一定多么精工细作，有的只是一些截屏的聊天记录，有的只是一些日常生活片段的记录，非常简单，但就是因为能够引发用户的情感共鸣，从而获得了大量传播。所以，在制作抖音短视频时，制作人员要充分考虑受众的需求，让内容切中受众的内心，引发受众共鸣。

比如“共青团中央”将自己定位为“年轻又调皮的团团”，利用年轻人喜欢的元素制作短视频，在抖音平台树立了一个备受年轻人喜爱的形象。

除“共青团中央”外，“江苏网警”也非常擅长利用用户心理，发现用户最关心的社会问题，将其制作成短视频，通过抖音短视频平台发布出来，为用户排忧解难。

图7–7 “共青团中央”抖音号

图7–8 “江苏网警”抖音号

◆ **重视内容互动**

人具有社会化属性，拥有最基本的社交能力。短视频社交就是利用短视频内容与人互动。比如抖音用户可以在抖音平台发起挑战赛，参与视频合拍，发现附近的人拍摄的短视频等。抖音上线这些功能的目的就是为了增进内容创作者与粉丝的互动。所以，政务抖音号在策划内容时要考虑如何吸引更多用户参与互动。

如“全国党媒信息公共平台”发起的挑战#5·12，我想对你说#，邀请抖音用户针对十年前的汶川大地震发出自己的声音。政务抖音号发起的这类挑战赛还有很多，吸引了海量用户参与，取得了极好的效果。

图7–9　#5·12，我想对你说#主题挑战赛

除发起挑战赛之外，政务抖音号还可以在内容层面强化人群标签，将兴趣相同的抖音用户聚集在一起，增进用户之间的连接，增强粉丝的黏性。比如“共青团中央”举办中国华服日和网络青晚活动，面向特定的人群输出特定的内容，以这些人为媒介进行二次传播，极大地提高了自己的影响力。

实战攻略：政务抖音运营技巧

◆ 放低身位，内容与时俱进

遇到突发事件或重大舆情事件时，许多政务微博会在发布公告的同时，关闭评论功能，主观上隔绝了与网民的互动，形成“一叶障目”的自我封闭状态。不同于政务微博、微信，政务短视频平台把时代热点、网络热搜和政务宣传结合起来，用网民喜欢的形式传播网民爱看的视频，将所要表达的态度和所要宣传的思想暗含其间。

北京反恐特警开通抖音账号后，结合流行网络游戏制作了一支十余秒的短视频，展示了特警队员日常的训练状况，数小时就获得超过250万次点赞和7 万次评论。

◆ 突出个性，立足自身特点

短视频平台也并非网红爆款的流水线，在早期依靠“美女”和“网红”效应吸引了第一批流量资源后，能够抓住受众注意力的资源逐渐减少。在这一点上，政务短视频具有其他类型短视频无法比拟的先天优势。

以政法类账号为例，其发布的诸如特警、公安部门的日常训练等内容与公众生活半径之间天然存在“位差”，受众平日对此类信息的了解大多通过大众媒体营造的拟态环境。此类短视频不仅拉近了受众与政法机构的距离，也在一定程度上满足受众的窥视欲望和求新欲望，使政务短视频在同质化严重的短视频内容中脱颖而出。

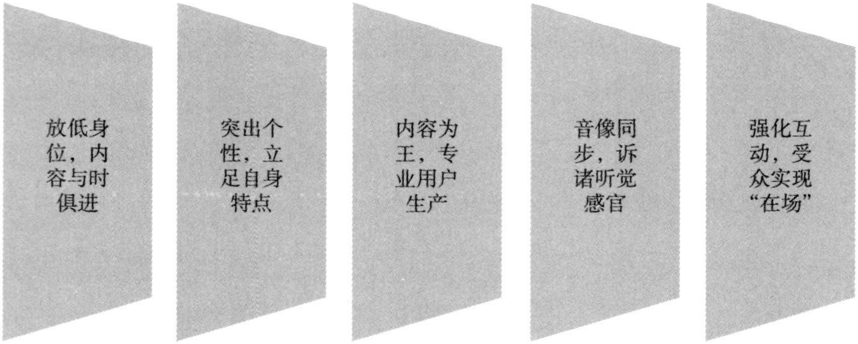

图7–10　抖音政务运营技巧

◆ **内容为王，专业用户生产**

在经历了早期的跑马圈地后，短视频行业进入垂直细分和专业深耕的新阶段。用户下沉化和专业化成为行业发展的风向和趋势。视频时长的压缩和技术门槛的下降使短视频平台呈现明显的“众包生产”样态，呈现金字塔形状：位于塔基的是众多既是受众又是生产者的UGC；中间一层则为以公司等商业组织为代表，有计划、有目的进行视频生产的PGC 机构。

UGC 内容生产速度快、产量大，难免粗制滥造、流于俗套，而PGC则因为其商业变现的目的，容易诱发社会矛盾。在这种情况下，以政务短视频为代表的“专业用户”就以PUGC 的形态屹立于短视频生产的塔尖，生产的内容既新颖独特，又免受商业利益干扰。

◆ **音像同步，诉诸听觉感官**

抖音中的“音”字表明了该平台对声音和音响的重视。作为音乐创意类短视频平台，政务短视频的入驻实现了对受众感官的全方位接触。以往的政务新媒体平台，受制于图文为主的呈现形式，主要诉诸受众的视觉器官。

政务号“中国陆军”在其所发布的视频《角逐漠北草原，上演钢与火之歌》中，将真实的战场声与射击声、火炮声、呐喊声等音响素材与激昂的背景音乐相结合，给予受众强烈的视觉冲击感，一举获得126万次点赞和2.8万条评论以及3.1万次转发。

◆ **强化互动，受众实现“在场”**

新媒体传播较之传统媒体的一大优势就在于其将受众的“在场”变成可能。所谓“在场”是指身体在场，身体在场就意味着能够对在场的事物产生影响，甚至能够直接操纵、改变在场或周围的事物。身体在场也意味着能够对其他在场的身体发生作用，并能够对其他在场的身体的刺激做出应对，甚至能够控制、操纵其他在场的身体。

政务短视频中音画同步的传播路径则将受众投射于事件发生的空间中，形成了一种“身体缺席的心理性在场”。此外，抖音的竖屏播放模式与手机的同向阅读体验有机聚合，消除了翻转屏幕的烦琐，最大限度地集聚用户注意力，同时也便于受众单手进行分享、转发和评论等互动行为。

“平安北京”在“北京双井男子殴打他人”事件发生后，发布了一条集合案件发布现场视频、警方办案经过和嫌疑人供述等情况的短视频，并配合背景音乐《我们不一样》。该视频获得近20万次点赞，视频中各种办案细节的呈现也使受众直观体验了政府的执法行为，避免了谣言和谬误的传播。

【案例】政务机构如何“玩转”抖音短视频

◆ **融合热门音乐创造“爆款”，积极传递亲民形象**

作为一个音乐短视频平台，抖音带有强烈的音乐属性，产生了很多“洗脑神曲”与“魔性BGM”。政务抖音号为了塑造亲和形象，拉近与民众的距离，一改往日严肃刻板的形象，积极使用平台最流行的视频表现手法，将传播内容与平台热门音乐、舞蹈等元素融合在一起，创作出更易被民众接受，更受民众欢迎的内容。

比如，北京市公安局反恐特警总队的抖音号——“北京SWAT”发布的第一条短视频，以最流行的“和平精英”（原“绝地求生”）游戏的主题音乐为背景音乐，表现特警队员的训练日常，如狙击射击、实战演习等，让观众产生身临其境之感，瞬间点燃了很多观众的热情与热血。截至目前，该短视频的播放量已经超过1亿次，点赞数达到了百万级。该视频上线之后，迅速传播开来，受到了中青在线、新京报网、法制晚报等多家媒体的报道与称赞。

图7-11　“北京SWAT”抖音号

除流行音乐外，政务抖音号还积极与海草舞、手指舞、拍灰舞等流行舞蹈相结合创作短视频。“中国陆军”官方号入驻抖音短视频平台当天发布了一条短视频，6名陆军女战士身穿军装带领十几名小朋友一起跳“海草舞”，庆祝六一儿童节。上线当天，该视频就获得了40多万粉丝关注，并被粉丝称赞为“最好看的海草舞”。

◆ “花式”普法打造系列视频，持续传播社会正能量

政务抖音号自上线以来打造了很多“爆款短视频”，成绩斐然。但自此之后，如何持续输出优质的短视频内容，保持热度，是这些政务抖音号亟须解决的问题。面对这一问题，部分政务抖音号积极探索，根据自身的职能属性打造系列短视频，持续输出优质的短视频内容，让粉丝像追看电视剧一样追看短视频，使用户黏性得以大幅提升。

比如“杭州公安”先后发布了6段说唱短视频，短视频的主角是一位漂亮的女警官，内容是普及安全知识、防诈骗常识等，受到了网友的热烈追捧。其中，最受网友欢迎的一段短视频的播放量达到了千万次。

图7-12 “杭州公安”抖音号

“岩检酱”（龙岩市人民检察院的官方抖音号）推出了一系列普法短视

频，利用抖音最流行的方式传播法律知识，比如逗趣搞笑、一人饰多角、魔性语速等，为网友答疑解惑，颠覆了网友对检察官的传统印象，比如严肃刻板、不苟言笑等，增进了对检察官的亲近感。“岩检酱”系列短视频在抖音平台的流行吸引了新华网、人民网等主流媒体的关注，受到这些媒体的高度赞扬。

◆ **线上传播助力线下工作，创造性“玩法”获舆论认可**

政务机构不仅利用抖音平台进行日常宣传，还借抖音平台的海量流量推进实体工作开展。比如，南宁市兴宁区法院抖音号发布了一条悬赏10名失信被执行人的短视频，利用短视频将失信被执行人的基本信息披露出来，包括他们的身份情况、悬赏专线、案件概要、执行悬赏金额等。这些短视频一经发布就受到了网友的广泛关注和鼎力支持。

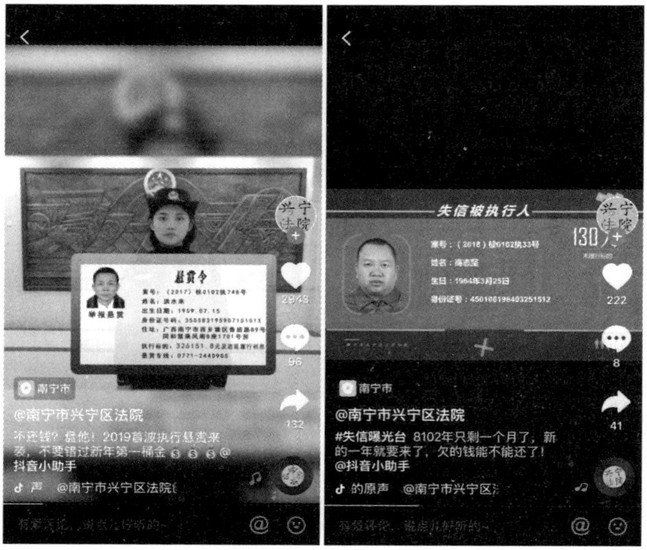

图7-13 “南宁市兴宁区法院”抖音号

视频发布不久，被执行人周某通过抖音平台看到自己的悬赏信息之后，主动到法院配合执行。之后，法院将周某配合执行的过程拍摄成短视频，上传到抖音平台，获得了中央电视台、人民日报等主流媒体的报道，获得了网友的一致好评。

从总体来看，这些政务机构入驻抖音短视频平台之后，在传播社会正能量、树立良好形象、宣传科普等方面取得了很好的成绩，这些政务抖音号制作的短视频也受到了网友的热烈欢迎。但对于这些政务抖音号来说，如何利用抖音平台提高自己在网络上的影响力，还需深入思考与探索。

在传播内容方面，政务抖音号要坚持“主旋律”，与人民群众关心的话题相结合，将抖音平台打造成官民沟通的新桥梁。另外，政务抖音号在结合社会热点进行借势传播的同时，要与自己的中长期宣传计划相配合。除此之外，如果政务抖音号能通过发布短视频推进实体工作，打造出内容辨识度较高的“人设”，就能将自己在新媒体舆论引导方面的实力更好地展现出来，提高自己在网络上的影响力。

我国主流媒体的抖音运营与实战攻略

主流媒体入驻短视频平台的优势

如今，快速发展的短视频平台为传统媒体开发年轻用户、扩大品牌覆盖范围开辟了新道路，带来了新思维。在这里，以抖音为例，对短视频平台的创作方法、内容特征、运营模式等进行梳理，为传统媒体借助短视频平台提高影响力、扩大宣传提供参考。

根据抖音发布的《2018抖音大数据报告》，截至2018年12月，抖音国内日活跃用户数突破2.5亿，国内月活跃用户数突破5亿；快手的国内用户数量也已突破7亿。对主流媒体而言，积累了庞大用户基础的活跃短视频平台能够实现信息内容的广泛传播，提高对年轻用户的吸引力。

抖音平台的内容十分丰富，包括生活类、音乐类、舞蹈类、旅行类、美食类、科技类、政务类等。近几年，很多内容风趣、节奏鲜明、配乐独特、剪辑生动、传播精准的短视频在抖音平台走红，收获了大批观众，并通过持续化的内容运营提高了用户黏度。

2018年以来，入驻抖音平台的政务机构不断增加。比如，西安政府联手抖音平台推出热门挑战活动“跟着抖音玩西安”，将西安的旅游风光、特色小吃拍摄成短视频，搭配当地歌手原创的音乐发布到抖音上，吸引用户观看并参与视频制作。

数据统计显示，该活动在推出7天后，其浏览量就突破2亿次，有效促进了西安旅游业的发展。2018年西安的旅游总收入达2554.81亿元，比上年增长56.4%。2018年5月，七大博物馆联合抖音创作的“第一届文物戏精大会”短视频内容也在平台广为传播，播放量超过1.18亿次，以创新形式使博物馆中的文物进入到大众的视野中。

从2018年4月开始，入驻抖音平台的媒体账号不断增加。以新华社、央视、人民日报为代表的主流媒体纷纷开设抖音账号。《2018抖音大数据报告》显示，抖音平台的政务号达5724个，媒体号达1334个，其发布的短视频数量超过15.2万个，总体获赞数量超过26亿人次。很多媒体号在进驻抖音后，迅速积累了大批粉丝，打造了许多爆款内容。

图7–14 “跟着抖音玩西安”主题挑战赛

比如，人民网在2018年5月开设抖音账号后，到2018年7月，其粉丝规模就突破250万人，影响力大幅提升。新华社在开设抖音号后，也经常出现在“媒体抖音号”综合影响力排行榜中。

出于提高正能量内容比重的目的，抖音平台制订并实施了“树木计划”，积极与主流媒体合作，致力于给抖音用户提供更多健康、向上的短视频内容。另外，政府相关部门也大力提倡主流媒体在短视频平台开展内容运营，在其支持下，越来越多的主流媒体开设了抖音账号。

如今，抖音尚未建立起成熟的内容生态，平台上的内容十分丰富，媒体账号在进行内容制作、内容发布、内容传播的过程中还要进行积极的探索。

主流媒体抖音号四大内容特色

相较于政务账号，传统媒体开展抖音运营的时间较短，其总体水平仍有待提高，但发展速度很快。2018年3月以来，央视新闻、人民网、新华社相继开设了抖音账号，到2019年1月，央视新闻发布了500个作品，粉丝超过618万，总点赞量超过5396万；人民网发布了800多个作品，粉丝超过580万，总点赞量超过1个亿；新华社发布了100个多个作品，粉丝超过159万，总点赞量超过2186万。

主流媒体账号在开展抖音运营的过程中打造了很多爆款视频，总结出了许多运营经验。

◆ 主打正能量内容

抖音平台上的正能量内容对用户具有较强的吸引力。2018年12月政务抖音号排行榜中，位于前三名的分别是四平警事、劲旅视界、中国消防；在政务抖音排行榜中有相当一部分是公安机关的账号。这类账号上传到抖音平台的警员训练、应急示范、提醒预防类内容拥有大批受众。正能量内容在各大主流媒体发布的抖音短视频中占据着主导地位。

在开展抖音内容运营方面，新华社的抖音号明确规定，主打正能量内容，强调时效性及舆论对公众产生的影响，要求内容富含质朴的人生哲理，在精神层面与国家制定的方针政策保持一致，积极倡导社会主义核心价值观。

举例来说，2018年8月，新华社“现场云”抖音号发布的《骆宗诗惊险夺冠：裁判根本不想我们中国队拿金牌》短视频，将中国运动员勇敢无畏的精神呈现在了观众面前，该视频发布时正在举办亚运会，具有较强的时效性，对观众具有较高的吸引力，能够激发他们的民族情感与爱国情怀。数据统计结果显示，该视频的播放量达到2178万次，点赞数达到130万次，评论数量达到2.4万条。

图7–15 新华社“现场云”抖音号

◆ **传递真情，展现美好风光**

彰显美好品质、传递人间真情的抖音视频内容能够吸引大批观众。

2018年7月，人民网抖音号推出的短视频《遇见最美劳动者》，讲述了江西某加油站的女员工面对机动车起火的意外情况时，临危不乱，及时采取应对措施，避免了伤亡事故的发生。这条视频收获了120万个点赞，评论数量达到1万条，女员工的表现打动了许多观众。

2018年9月，新华社抖音号推出的短视频《这个世界或许没有你想象的那么好，也没有想象中那么差》，讲述了一位摩托车驾驶员赶到马路上，通过阻隔过往车辆帮助老奶奶安全通行的故事。这条视频的播放量高达

7634万次，点赞数量达到340万个，评论数量高达10万条。

央视新闻抖音号发布的一则类似的短视频内容也吸引了大批观众。在视频中，一位行动不便的大爷面对马路上川流不息的车辆停在原地，交警见状主动上前把大爷背到安全区域。这条视频的点赞量达到324.5万次，评论数量达到7.5万条，以真挚的情感温暖了众多观众。

此外，表现祖国大好河山、秀美风光的短视频也能够吸引大批观众。在这方面，人民网以“幸福美丽新边疆”“大美中国我来秀”为主题推出的系列视频，将新疆、内蒙古、三沙的瑰丽风光呈现给抖音用户。在表现三沙美景的视频中，纯净的海水、天空、画面中出现的巡航船、以及鲜艳的五星红旗无不令人动容。

◆ **风趣幽默，实用性**

年轻人在抖音用户中占据主导地位，数据统计显示，抖音平台90%的用户年龄在35岁以下。年轻用户倾向于选择风趣幽默的内容，除了内容本身之外，抖音的背景音乐及特效也能够增加视频的娱乐化呈现效果。

◆ **进行形象打造，贴近抖音自有特征**

抖音用户喜欢观看内容新颖或争议性较强的短视频。主流媒体本身具有较高的权威性，风格比较严肃，若其抖音号能够颠覆其原本的特质，则更容易得到用户的关注。在这方面，主流媒体开展了一系列探索，致力于贴合抖音平台的特征来进行形象打造与传播。

新华社的抖音号选择了人格化路线，将自己的人格化特质添加到了抖音号头像、简介、评论、互动内容中，既能够突出自身特色，又保持了整体风格的统一。

主流媒体抖音号视频制作技巧

经过一段时间的运营探索，主流媒体制作的短视频也取得了良好的传播效果。在这里将其短视频制作经验总结为以下几点：

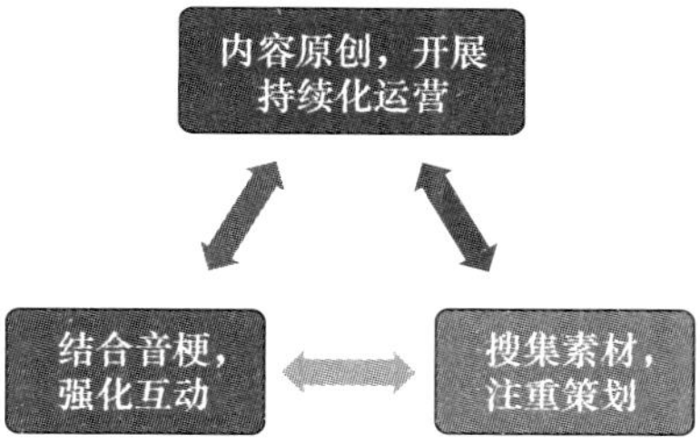

图7-16　主流媒体抖音号视频制作技巧

◆ 内容原创，开展持续化运营

抖音平台贴近日常生活，以新鲜有趣的内容吸引用户。专业的运营团队无疑能够提高内容质量。人民网的微博团队也是抖音号的运营团队，持续每日进行内容更新，主打原创内容。在运营过程中，人民网的运营团队根究抖音平台的特点，结合自身的“人设”发布了许多原创内容，持续性地为用户提供优质内容，培养用户的观看习惯。

不仅如此，这些内容在风格方面能够保持一致，使人民网抖音账号建立起鲜明的形象；相比之下，不少媒体缺乏专业的运营团队，难以通过持续性的内容运营建立品牌形象、提高知名度。

◆ 搜集素材，注重策划

人民网抖音账号非常重视当前的热门话题，广泛搜集优质内容，对获得授权后的内容进行制作加工，然后上传到平台，能够有效提高传播效果。比如，上文提到的员工处理机动车起火事件、消防官兵救援视频，均为其运营团队从各个渠道搜集到的素材。新华社抖音号则积极联手政府机构与媒体平台，不断充实自己的素材库。

比如，新华社“现场云”抖音号发布的《六安辅警脱掉警服护卫受伤小女孩》的视频便来源于警方渠道，这类视频真实、高质，更容易吸引用户的目光。

抖音短视频讲求精简性，尽最大可能地减少冗余内容，而要实现这一点，就要注重内容的策划与具体制作。人民网就非常重视短视频内容的策划，在产生灵感后立即付诸行动进行内容制作。按照特定思路拍摄出来的内容，比随意拍摄的内容质量更高。

在具体策划方面，人民网抖音号的部分内容是围绕热点话题、节日活动来制作的，如上线之初发布的青年节相关视频；部分内容是从不同侧面来表现统一的主题，如《祖国四极哨兵送八一祝福》，在建军节这一天将东、西、南、北哨兵的精神状态呈现出来，吸引了众多用户。

◆ **结合音梗，强化互动**

独特内容加上流行的抖音梗，更能吸引用户注意力。用特色鲜明的内容，结合热门的抖音梗，来提高整体的吸引力。

在拍摄与制作短视频的过程中，人民网经常使用抖音时下热门的音乐与特效功能，提高视频的吸引力；人民网抖音号发布的很多内容不仅富含娱乐化元素，还能调动用户参与的积极性。举例来说，人民网抖音号时常发起抖音挑战活动，吸引参与者根据特定主题进行内容拍摄。比如，旨在鼓励考生的“高考加油！我等你来”主题挑战活动参与人数超过20万人；其运营人员十分注重评论区的用户互动，也提高了自身的影响力。

新华社抖音运营团队表示，在制作短视频时，重在突出内容的节奏感。选择抖音平台使用频率较高的音乐，按照音乐节奏进行内容展现；画面要干净整洁，有重点，富含情节；注重叙事结构，在中间部分讲述故事高潮；尽量减少字幕数量，把握好关键词，便于机器识别，扩大内容传播。在具体运营过程中，还要与观众进行互动，收集观众的反馈意见。另外，还要通过提取、挖掘后台数据，了解粉丝的特征、需求，分析自身作品的优势与不足，不断积累经验，对后期的内容运营进行调整与优化。

主流媒体抖音号运营实战攻略

◆ 内部转化，资源整合

对短视频的市场表现及其对应的制作方法进行分析可知，良好的内部转化与资源整合能够有效提高其传播效果。在制作短视频的过程中，人民网十分注重集合内外部的优势资源。

对内，注重与其他部门、频道及相关单位之间的沟通互动，进行资源整合。举例来说，人民网抖音号发布的《三沙的美丽海域》《10秒钟在库布奇沙漠种一棵树》都获得了不错的反响，这两个视频是抖音运营团队从其他部门的记者那里获得素材后制作出来的。另外，在人民网邀请明星采访时，抖音团队也会借机拍摄一些素材，用于制作宣传视频。

对外，人民网在联手抖音平台的同时，还会与其他政务账号、媒体平台进行合作，或邀请影响力较高的个人加入，共同进行视频创作。2017年2月，新华社启动全国服务平台“现场云”，致力于促进国内媒体的融合发展。这是一款“现场新闻”直播态产品，能够依托移动短视频实现媒体聚合。经过一段时间的运营，加入到平台的机构用户和记者数量不断增多，其影响力已覆盖到国内各个地区，视频直播数量持续提高，报道素材也越来越丰富，平台上积累了许多内容优质、客观真实、情感真挚的素材，为新华社的内容运营打下了坚实的基础。

新华社的抖音账号主打原创内容，能够实现对多方资源的整合利用，从丰富的素材库中进行内容筛选，在精心制作后发布到短视频平台上。通过这种方式生产出来的短视频广受欢迎。数据统计结果显示，新华社“现场云”抖音账号发布的短视频中，90%的视频播放量达100万次以上，热度最高的一条视频播放量高达8471万次。

◆ **注重合作，共同发展**

在抖音平台上，对用户吸引力较强的内容都具备鲜明的特征，有些视频形式新颖，有些视频具有鼓舞作用，有些视频温暖动人，有些视频风趣幽默。抖音平台上会涌现出许多内容热点，也就是所谓的“抖音梗”，这些热点能够吸引用户的目光，调动大众参与的积极性，成为流行元素。运营者应该对这类内容进行分析与把握，使自己生产的内容更加靠近市场需求，引领新的潮流。

此外，还要注重合作。人民日报微博与央视新闻网微博就曾共同在微博平台推出主题活动，并采用直播形式进行内容展现，吸引了大批用户，不仅提高了曝光度，还达到了积累粉丝的目的。主流媒体短视频账号也可以联手短视频平台，借助平台优势开展相关活动，增加正能量内容在总体中的比重，提高视频拍摄与制作的专业水平，获得平台提供的资源支持，调动用户参与的积极性，有效扩大内容传播。

【案例】人民网：政务抖音号的内容运营策略

2018年5月4日，人民网正式上线抖音，其时正值“五四”青年节。人民网发布的《总书记，我想对你说》以短视频形式将青年学生的内心想法以短视频的形式呈现出来，视频阅读量高达1634万次，收获了50多万条评论；其短视频《吾是青年当自强》围绕“青年自强”的主题，展示了新时代青年员工的精神风貌，其阅读量达到81万次，评论数量近1.3万条。人民网在开设抖音号的初期就成功打造出了爆款内容，体现出正能量内容在抖音平台拥有广阔的市场。

人民网进行抖音号运营期间，时常发布军警类内容，具体包括消防官兵、武警赶赴灾区提供救援、战士训练日常等，表现中华男儿保家卫国的奉献精神。这类短视频通常能够吸引大批用户观看，打动用户的心灵，促使他们积极参与评论，有的用户在评论中表达自己的激动之情，有的用户大力赞扬其为“最可爱的人”，有的用户表示应该向他们学习等。

人民网抖音号在把握热门话题的基础上，结合抖音的流行配乐或娱乐化的热点元素创作这类视频。《新编辑部故事》就是其代表作，这个系列的短视频具有较强的原创性，记录了生活点滴，结合时下的热点话题，能够带给人们愉悦的心情，并实现粉丝用户的积累。

此外，主流媒体还会围绕热点话题设计一系列短视频，主打幽默风格。比如，在高考期间，人民网抖音号发布了很多相关视频，具体内容包括影视明星为考生加油、学生在大学门口欢迎师弟师妹的到来、分析专业选择方式等，这类视频对考生及家长都有较强的吸引力。

此外，人民网抖音号还发布了一些对日常生活具有指导作用的实用性短视频。《30秒学会海姆立克急救法》为其代表作之一，由专业急救人员指导用户如何操作海姆立克急救法。该视频的播放量达到684万次，收获了22万个赞。继该视频之后，人民网抖音号又发布了多条实用类视频，具体内容包括心肺复苏方法、侧方停车法等。

人民网抖音号也创新了内容运营模式，设定了一种具有反差萌效果的编辑形象，将其工作的具体场景以短视频形式呈现给观众，聚集了大批用户。比如，人民网发布的一条抖音视频展示了如下场景：一位女编辑被指派去拍摄全国各地的风景图片，为完成任务，她打开办公室的电脑，用抖音录制电脑中的风光图。这类产品主打幽默、风趣的娱乐化风格，同时将人民网编辑部的工作环境展现在了视频中，对用户具有较强的吸引力。

此外，人民网还通过这种方式将其内部食堂、图书馆、商店等细节化的场景展现出来，进行自身的形象打造。为纪念《人民日报》创刊70周年，人民网抖音号发布的推广视频广受欢迎，点赞量达到46万次。

附　录

国务院办公厅关于推进政务新媒体健康有序发展的意见

各省、自治区、直辖市人民政府，国务院各部委、各直属机构：

政务新媒体是移动互联网时代党和政府联系群众、服务群众、凝聚群众的重要渠道，是加快转变政府职能、建设服务型政府的重要手段，是引导网上舆论、构建清朗网络空间的重要阵地，是探索社会治理新模式、提高社会治理能力的重要途径。近年来，各地区、各部门认真践行网上群众路线，积极运用政务新媒体推进政务公开、优化政务服务、凝聚社会共识、创新社会治理，取得了较好成效。但同时一些政务新媒体还存在功能定位不清晰、信息发布不严谨、建设运维不规范、监督管理不到位等突出问题，“僵尸”“睡眠”“雷人雷语”“不互动无服务”等现象时有发生，对政府形象和公信力造成不良影响。为推动政务新媒体健康有序发展，经国务院同意，现提出如下意见。

一、总体要求

（一）指导思想。

以习近平新时代中国特色社会主义思想为指导，全面贯彻党的十九大和十九届二中、三中全会精神，坚持以人民为中心的发展思想，牢固树立新发展理念，认真落实党中央、国务院关于全面推进政务公开和优化政务服务的决策部署，实施网络强国战略，落实网络意识形态责任制，大力推进政务新媒体工作，明确功能定位，加强统筹规划，完善体制机制，规范运营管理，持续提升政府网上履职能力，努力建设利企便民、亮点纷呈、人民满意的“指尖上的网上政府”。

（二）工作目标。

到2022年，建成以中国政府网政务新媒体为龙头，整体协同、响应迅速的政务新媒体矩阵体系，全面提升政务新媒体传播力、引导力、影响力、公信力，打造一批优质精品账号，建设更加权威的信息发布和解读回应平台、更加便捷的政民互动和办事服务平台，形成全国政务新媒体规范发展、创新发展、融合发展新格局。

（三）基本原则。

1. 坚持正确导向。增强“四个意识”，坚定“四个自信”，坚决做到“两个维护”，围绕中心，服务大局，弘扬主旋律，传播正能量，讲好中国故事，办好群众实事。

2. 坚持需求引领。围绕公众需要，立足政府职能，切实解决有平台无运营、有账号无监管、有发布无审核等问题，优化用户体验，提升服务水平，增强群众获得感。

3. 坚持互联融合。按照前台多样、后台联通的要求，推动各类政务新媒体互联互通、整体发声、协同联动，推进政务新媒体与政府网站等融合发展，实现数据同源、服务同根，方便企业和群众使用。

4. 坚持创新发展。遵循移动互联网发展规律，创新工作理念、方法手段和制度机制，积极运用大数据、云计算、人工智能等新技术新应用，提升政务新媒体智能化水平。

二、明确工作职责

本意见所称政务新媒体，是指各级行政机关、承担行政职能的事业单位及其内设机构在微博、微信等第三方平台上开设的政务账号或应用，以及自行开发建设的移动客户端等。

国务院办公厅是全国政务新媒体工作的主管单位，地方各级人民政府办公厅（室）是本地区政务新媒体工作的主管单位，国务院各部门办公厅（室）或指定的专门司局是本部门政务新媒体工作的主管单位，实行全系统垂直管理的国务院部门办公厅（室）或指定的专门司局是本系统政务新媒体工作的主管单位。主管单位负责推进、指导、协调、监督政务新媒体工作。行业主管部门要加强对本行业承担公共服务职能的企事业单位新媒体工作的指导和监督。政务新媒体主办单位按照“谁开设、谁主办”的原则确定，履行政务新媒体的规划建设、组织保障、健康发展、安全管理等职责。可通过购买服务等方式委托相关机构具体承担政务新媒体日常运维工作。

各级政务新媒体按照主管主办和属地管理原则，接受宣传、网信部门的有关业务统筹指导和宏观管理。

三、加强功能建设

各地区、各部门要遵循政务新媒体发展规律，明确政务新媒体定位，充分发挥政务新媒体传播速度快、受众面广、互动性强等优势，以内容建设为根本，不断强化发布、传播、互动、引导、办事等功能，为企业和群众提供更加便捷实用的移动服务。中国政府网政务新媒体要发挥龙头示范作用，不断提升政务公开和政务服务水平。

（一）推进政务公开，强化解读回应。积极运用政务新媒体传播党和政府声音，做大做强正面宣传，巩固拓展主流舆论阵地。围绕中心工作，深入推进决策公开、执行公开、管理公开、服务公开、结果公开。做好主题策划和线上线下联动推广，重点推送重要政策文件信息和涉及群众切身利益、需要公众广泛知晓的政府信息。做准做精做细解读工作，注重运用生动活泼、通俗易懂的语言以及图表图解、音频视频等公众喜闻乐见的形式提升解读效果。要把政务新媒体作为突发公共事件信息发布和政务舆情回应、引导的重要平台，提高响应速度，及时公布真相、表明态度、辟除谣言，并根据事态发展和处置情况发布动态信息，注重发挥专家解读作用。对政策措施出台实施过程中出现的误解误读和质疑，要迅速澄清、解疑释惑，正确引导、凝聚共识，建立网上舆情引导与网下实际工作处置相同步、相协调的工作机制。县级政务新媒体要与本地区融媒体中心建立沟通协调机制，共同做好信息发布解读回应工作。

（二）加强政民互动，创新社会治理。畅通政务新媒体互动渠道，听民意、聚民智、解民忧、凝民心，走好网上群众路线。认真做好公众留言审看发布、处理反馈工作，回复留言要依法依规、态度诚恳、严谨周到，杜绝答非所问、空洞说教、生硬冷漠。加强与业务部门沟通协作，对于群众诉求要限时办结、及时反馈，确保合理诉求得到有效解决。要善于运用大数据、云计算、人工智能等技术，分析研判社情民意，为政府决策提供精准服务。注重结合重大活动、重要节日及纪念日、主题日等设置话题、策划活动，探索政民互动新方式。政务新媒体、政府网站、政务热线等应依托政府网站集约化平台完善和使用统一、权威、全面的咨询答问库，不断提升答问效率和互动质量。推动省级政府和国务院部门的咨询答问库与中国政府网对接联通。鼓励采用微联动、微直播、随手拍等多种形式，引导公众依法有序参与公共管理、公共服务，共创社会治理新模式。

（三）突出民生事项，优化掌上服务。强化政务新媒体办事服务功能，围绕利企便民，聚合办事入口，优化用户体验，推动更多事项“掌上办”。要立足工作职责，重点推动与群众日常生产生活密切相关的民生事项向政务新媒体延伸。着力做好办事入口的汇聚整合和优化，统筹推进政务新媒体、政府网站、实体政务大厅的线上线下联通、数据互联共享，简化操作环节，为公众提供优质便捷的办事指引，实现数据同源、服务同根、一次认证、一网通办。注重把握不同形态政务新媒体分众化、差异化的特点，创新服务模式，扩大服务受众，提升服务效果。政务新媒体提供办事服务应依托本地区、本部门已有的办事系统或服务平台，避免重复建设，防止形成新的信息孤岛和数据壁垒。

四、规范运维管理

（一）开设整合。县级以上地方各级人民政府及国务院部门应当开设政务新媒体，其他单位可根据工作需要规范开设。一个单位原则上在同一平台只开设一个政务新媒体账号，鼓励在网民集聚的新平台开设政务新媒体账号。严格按照集约节约的原则统筹移动客户端等应用系统建设，避免“一哄而上、一事一端、一单位一应用”，移动客户端要全面支持IPv6（互联网协议第6版），支持在不同终端便捷使用。政务新媒体名称应简洁规范，与主办单位工作职责相关联，并在公开认证信息中标明主办单位名称，主办单位在不同平台上开设的政务新媒体名称原则上应保持一致。集中力量做优做强主账号，构建整体联动、集体发声的政务新媒体矩阵。对功能相近、用户关注度和利用率低的政务新媒体要清理整合，确属无力维护的要坚决关停。建立政务新媒体分级备案制度，开设、变更、关停、注销应向主管单位备案。政务新媒体主办单位发生变化的，应及时注销或变更账号信息，并向社会公告。

（二）内容保障。严格内容发布审核制度，坚持分级分类审核、先审后发，明确审核主体、审核流程，严把政治关、法律关、政策关、保密关、文字关。规范转载发布工作，原则上只转载党委和政府网站以及有关主管部门确定的稿源单位发布的信息，不得擅自发布代表个人观点、意见及情绪的言论，不得刊登商业广告或链接商业广告页面。建立原创激励机制，按照规范加大信息采编力度，提高原创信息比例。发布信息涉及其他单位工作内容的，要提前做好沟通协调。建立值班值守制度，加强日常监测，确保信息更新及时、内容准确权威，发现违法有害信息要第一时间处理，发现重大舆情要按程序转送相关部门办理。政务新媒体如从事互联网新闻信息服务或传播网络视听节目，须按照有关规定具备相应资质。

（三）安全防护。严格执行网络安全法等法律法规，落实安全管理责任，建立健全安全管理制度、保密审查制度和应急预案，提高政务新媒体安全防护能力。加强对账号密码的安全管理，防止账号被盗用或被恶意攻击等安全事件发生。加强监测预警和应急处置，对于泄露后会危及国家安全、公共安全、经济安全、社会稳定的信息和国家秘密、商业秘密、个人隐私，要加强管理，确保不泄露。强化用户信息安全保护，不得违法违规获取超过服务需求的个人信息，不得公开损害用户权益的内容。

（四）监督管理。加强政务新媒体的日常监管，定期组织检查，积极运用技术手段进行实时监控，及时通报、督促整改存在的突出问题。对发现的假冒政务新媒体，要求第三方平台立即关停，并通报有关部门依法依规处置。严禁购买“粉丝”等数据造假行为，不得强制要求群众下载使用移动客户端等或点赞、转发信息。第三方平台要强化保障能力，持续改进服务，为政务新媒体工作开展提供便利。

五、强化保障措施

（一）加强组织领导。各地区、各部门要充分认识移动互联网环境下做好政务新媒体工作的重大意义，提高认识，转变观念，完善政务公开协调机制，将政务新媒体工作纳入重要议事日程。明确分管负责人，统筹推动政务新媒体与政府网站整体协同发展。加强政务新媒体管理，提供必要经费保障，配齐配强工作人员，专岗专责，抓好工作落实。建立完善与宣传、网信、公安等部门的沟通协调机制，共同做好发布引导、舆情应对、网络安全等工作。

（二）加强人员培训。各地区、各部门要将政务新媒体工作纳入各级领导干部和公务员教育培训内容，着力强化运用政务新媒体履职能力。认真组织开展业务培训和研讨交流，增强信息编发能力、舆情研判能力、回应引导能力、应急处置能力，打造一支政治立场坚定、熟悉政策法规、掌握传播规律、具备较强能力的专业队伍。积极开展试点示范，选择发展基础好的地方和部门，开展规范发展、创新发展和融合发展试点，探索可借鉴、可推广的典型经验。

（三）加强考核评价。各地区、各部门要将政务新媒体工作情况列入年度绩效考核，制定考核评价办法。树立重实干、重实绩导向，对政务新媒体工作成效好的单位和个人，按照有关规定予以激励表扬。对违反规定发布转载不良或有害信息、破坏网络传播秩序、损害公众权益等突出问题，要严肃追责问责。国务院办公厅将对各地区、各部门政务新媒体进行网上监测和抽查，并通报有关情况。

国务院办公厅

2018年12月7日

国务院办公厅秘书局
关于印发政府网站与政务新媒体检查指标、监管工作年度考核指标的通知

各省、自治区、直辖市人民政府办公厅，国务院各部委、各直属机构办公厅（室）：

为进一步推动全国政府网站和政府系统政务新媒体健康有序发展，国务院办公厅制定了《政府网站与政务新媒体检查指标》和《政府网站与政务新媒体监管工作年度考核指标》，现印发给你们，请认真贯彻执行。

各地区、各部门要进一步加强和完善政府网站及政务新媒体日常管理和常态化监管工作。国务院办公厅将每半年对全国政府网站及政务新媒体运行情况进行抽查，每年度对有关监管工作进行考核，抽查和考核结果将予以公开通报。

国务院办公厅秘书局

2019年4月1日

政府网站与政务新媒体检查指标

指标说明：

本指标分为三部分，第一部分为单项否决指标，适用于所有政府网站、政府系统的政务新媒体；第二部分为扣分指标；第三部分为加分指标，适用于政府门户网站。扣分指标分值为100分，加分指标分值为30分。

对政府网站检查时，如网站出现单项否决指标中的任意一种情形，即判定为不合格网站，不再对其他指标进行评分。如网站不存在单项否决问题，则对扣分指标进行评分，如评分结果低于60分，判定为不合格网站；高于80分，则进入加分指标评分环节，最后得分为第二、第三部分得分之和。其中，采用扣分方式评分的，单项指标扣分之和不超过本项指标总分值。对于没有对外服务职能的国务院部门，不检查其门户网站涉及办事服务的指标，对扣分指标评分时以75分为满分，结果乘以4/3为第二部分得分。

对政务新媒体检查时，如政务新媒体出现单项否决指标中的任意一种情形，则判定为不合格。

一、单项否决

检查对象	指标	评分细则
政府网站	安全、泄密事故等严重问题	1. 出现严重表述错误。 2. 泄露国家秘密。 3. 发布或链接反动、暴力、色情等内容。 4. 对安全攻击（如页面被挂马、内容被篡改等）没有及时有效处置造成严重安全事故。 5. 存在弄虚作假行为（如伪造发稿日期等）。 6. 因网站建设管理工作不当引发严重负面舆情。 上述情况出现任意一种，即单项否决
	站点无法访问	监测1周，每天间隔性访问20次以上，超过（含）15秒网站仍打不开的次数累计占比超过（含）5%，即单项否决
	首页不更新	监测2周，首页无信息更新的，即单项否决。 如首页仅为网站栏目导航入口，所有二级页面无信息更新的，即单项否决 （注：稿件发布页未注明发布时间的视为不更新，下同）
	栏目不更新	1. 监测时间点前2周内的动态、要闻类栏目，以及监测时间点前6个月内的通知公告、政策文件类一级栏目，累计超过（含）5个未更新。 2. 应更新但长期未更新的栏目数量超过（含）10个。 3. 空白栏目数量超过（含）5个。 上述情况出现任意一种，即单项否决
	互动回应差	1. 未提供网上有效咨询建言渠道（网上信访、纪检举报等专门渠道除外）。 2. 监测时间点前1年内，对网民留言应及时答复处理的政务咨询类栏目（在线访谈、调查征集、网上信访、纪检举报类栏目除外）存在超过3个月未回应有效留言的现象。 上述情况出现任意一种，即单项否决
	服务不实用	1. 未提供办事服务。 2. 办事指南重点要素类别（包括事项名称、设定依据、申请条件、办理材料、办理地点、办理机构、收费标准、办理时间、联系电话、办理流程）缺失4类及以上的事项数量超过（含）5个。 3. 事项总数不足5个的，每个事项办事指南重点要素类别（包括事项名称、设定依据、申请条件、办理材料、办理地点、办理机构、收费标准、办理时间、联系电话、办理流程）均缺失4类及以上。 上述情况出现任意一种，即单项否决 （注：对没有对外服务职能的部门，不检查其网站该项指标）

续表

检查对象	指标	评分细则
政务新媒体	安全、泄密事故等严重问题	1. 出现严重表述错误。 2. 泄露国家秘密。 3. 发布或链接反动、暴力、色情等内容。 4. 因发布内容不当引发严重负面舆情。 上述情况出现任意一种，即单项否决
	内容不更新	1. 监测时间点前2周内无更新。 2. 移动客户端（App）无法下载或使用，发生“僵尸”“睡眠”情况
	互动回应差	1. 未提供有效互动功能。 2. 存在购买“粉丝”、强制要求群众点赞等弄虚作假行为。 上述情况出现任意一种，即单项否决

二、扣分指标（100分）

一级指标	二级指标	评分细则	分值
发布解读（31分）	概况信息	1. 未开设概况信息类栏目的，扣2分。 2. 概况信息更新不及时或不准确的，每发现一处，扣1分 （注：对国务院部门门户网站不检查该项指标）	2
	机构职能	1. 未开设机构职能类栏目的，扣2分。 2. 机构职能信息不准确的，每发现一处，扣1分 （注：国务院部门门户网站未开设机构职能类栏目扣4分，信息不准确的，每发现一处扣1分，最多扣4分）	2
	领导信息	1. 未开设领导信息类栏目的，扣2分。 2. 领导姓名、简历等信息缺失或不准确的，每发现一处，扣1分	2
	动态要闻	1. 未开设动态要闻类栏目的，扣5分。 2. 监测时间点前2周内未更新的，扣5分	5
	政策文件	1. 未开设政策文件类栏目的，扣5分。 2. 监测时间点前6个月内政策文件类一级栏目未更新的，扣5分	5
	政策解读	1. 未开设政策解读类栏目的，扣5分。 2. 监测时间点前6个月内政策解读类一级栏目未更新的，扣5分	5

续表

一级指标	二级指标	评分细则	分值
发布解读（31分）	解读比例	随机抽查网站已发布的3个以本地区本部门或本地区本部门办公厅（室）名义印发的涉及面广、社会关注度高的政策文件，被解读的文件数量每少一个，扣1分 （注：不足3个的则检查全部文件）	3
	解读关联	随机抽查网站已发布的3个解读稿：未与被解读的政策文件相关联的，每发现一处，扣0.5分；该政策文件未与被抽查解读稿相关联的，每发现一处，扣0.5分 （注：不足3个的则检查全部解读稿）	3
	其他栏目	1. 其他栏目存在空白的，每发现一个，扣2分。 2. 其他栏目存在应更新未更新的，每发现一个，扣1分 （注：因空白、应更新未更新等原因已按其他指标扣分的，本指标项下不重复扣分）	4
办事服务（25分）	事项公开	未对办事服务事项集中分类展示的，扣3分	3
	在线申请	1. 未提供在线注册功能或提供注册功能但用户（含异地用户）无法注册的，扣5分。 2. 注册用户无法在线办事的，扣5分	5
	办事统计	1. 未公开办事统计数据的，扣2分。 2. 监测时间点前1个月内未更新的，扣1分；3个月内未更新的，扣2分	2
	办事指南	随机抽查5个办事服务事项： 1. 事项无办事指南的，每发现一个，扣4分。 2. 提供办事指南，但重点要素类别（包括事项名称、设定依据、申请条件、办理材料、办理地点、办理机构、收费标准、办理时间、联系电话、办理流程）缺失的，每发现一处，扣0.5分。 3. 办理材料格式要求不明确的（如未说明原件/复印件、纸质版/电子版、份数等），每发现一个存在该问题的事项，扣1分。 4. 存在表述含糊不清的情形（如“根据有关法律法规规定应提交的其他材料”等表述），每发现一个存在该问题的事项，扣2分。 5. 办事指南中提到的政策文件仅有名称、未说明具体内容的，每发现一个存在该问题的事项，扣0.5分 （注：不足5个的则检查全部事项）	8

续表

一级指标	二级指标	评分细则	分值
办事服务（25分）	内容准确	随机抽查5个办事指南，信息（如咨询电话、投诉电话等）存在错误，或与实际办事要求不一致的，每发现一处，扣1分 （注：不足5个的则检查全部指南）	5
	表格样表	随机抽查2个办事指南，要求办事人提供申请表、申请书等表单但未提供规范表格获取渠道的，每发现一个存在该问题的办事指南，扣1分	2
互动交流（23分）	信息提交	存在网民（含异地用户）无法使用网站互动交流功能提交信息问题的，扣7分	7
	统一登录	网站各个具有互动交流功能的栏目（网上信访、纪检举报等专门渠道除外）提供的注册登录功能，未实现统一注册登录的，扣3分	3
	留言公开	1. 咨询建言类栏目（网上信访、纪检举报等专门渠道除外）对所有网民留言都未公开的，扣6分。 2. 随机抽查5条已公开的网民留言，未公开留言时间、答复时间、答复单位、答复内容的，每发现一处，扣1分。 3. 监测时间点前2个月内未更新的，扣3分。 4. 未公开留言受理反馈情况统计数据的，扣3分 （注：不足5条的则检查全部留言）	6
	办理答复	模拟用户进行2次简单常见问题咨询： 1. 未在5个工作日内收到网上答复意见的，每发现一次，扣4分。 2. 答复内容质量不高，有推诿、敷衍等现象的，每发现一次，扣4分	7
功能设计（21分）	域名名称	1. 域名不符合规范的，扣1分。 2. 网站未以本地区本部门名称命名的，扣1分。 3. 网站名称未在全站页面头部区域显著展示的，扣1分	3
	网站标识	未在全站页面底部功能区清晰列明党政机关网站标识、网站标识码、ICP备案编号、公安机关备案标识、网站主办单位、联系方式的，每缺一项，扣0.5分	3
	可用性	1. 首页上的链接（包括图片、附件、外部链接等）打不开或错误的，每发现一处，扣0.2分；如首页仅为网站栏目导航入口，则检查所有二级页面上的链接。 2. 其他页面上的链接（包括图片、附件、外部链接等）打不开或错误的，每发现一处，扣0.1分	1

续表

一级指标	二级指标	评分细则	分值
功能设计（21分）	“我为政府网站找错”	1. 未在首页底部功能区规范添加“我为政府网站找错”入口的，扣1分。 2. 未在其他页面底部功能区规范添加“我为政府网站找错”入口的，每发现一处，扣0.2分	1
		1. 监测时间点前6个月内，存在网民留言超过3个工作日未答复的，每发现一条，扣1分。 2. 监测时间点前6个月内，存在答复内容质量不高，有推诿、敷衍等现象的，每发现一条，扣1分	3
	站内搜索	1. 未提供全站站内搜索功能或功能不可用的，扣4分。 2. 随机选取4条网站已发布的信息或服务的标题进行测试，在搜索结果第一页无法找到该内容的，每条扣1分。 3. 未对搜索结果进行分类展现的（如按照政策文件、办事指南等进行分类），扣1分	4
	一号登录	注册用户在各个功能板块（网上信访、纪检举报等专门渠道除外）无法一号登录的，扣2分	2
	页面标签	1. 随机抽查5个内容页面，无站点标签或内容标签的，每个扣0.1分。 2. 随机抽查5个栏目页面，无站点标签或栏目标签的，每个扣0.1分	1
	兼容性	使用主流浏览器访问网站，不能正常显示页面内容的，每类扣1分	2
	IPv6改造	未按照要求完成IPv6改造的，扣1分	1

三、加分指标（30分）

一级指标	二级指标	评分细则	分值
信息发布（7分）	数据发布	1. 开设数据发布类栏目并在监测时间点前3个月内有更新的，得2分；监测时间点前3～6个月内有更新的，得1分。 2. 监测时间点前6个月内，通过图表图解等可视化方式展现和解读数据的，得1分。 3. 定期更新数据集，并提供下载功能或可用数据接口的，得1分	4
	解读回应	随机抽查3个不同文件的解读稿，通过新闻发布会、图表图解、音视频或动漫等形式解读的，每个得1分	3

续表

一级指标	二级指标	评分细则	分值
办事服务（6分）	服务功能	1. 提供服务评价功能的，得1分。 2. 公布服务评价结果的，得1分	2
	服务内容	针对重点服务事项，整合相关资源，细化办理对象、条件、流程等，提供专题或集成服务。提供3项及以上的，得2分；提供1至2项的，得1分	2
	服务关联	随机抽查2个办事服务事项，涉及到的政策文件依据均准确关联至本网站政策文件库的，得2分	2
互动交流（8分）	实时互动	模拟用户进行1次简单常见问题咨询：咨询后一个工作日内答复且内容准确的，得3分；提供实时智能答问功能且内容准确的，得2分	5
	调查征集	1. 提供在线调查征集渠道（不含电子邮件形式），且监测时间点前1年内开展活动超过（含）6次的，得2分。 2. 监测时间点前1年内开展的调查征集活动结束后1个月内均公开反馈结果的，得1分	3
功能设计（6分）	智能搜索	1. 提供关键词模糊搜索功能的，得1分。 2. 根据搜索关键词聚合相关信息和服务功能，实现“搜索即服务”的，得1分。 3. 随机选取该地区、该部门下级网站上的2条信息或服务的标题：通过该地区、该部门政府门户网站搜索进行测试，能够在搜索结果第一页找到该内容的，每条得1分	4
	用户空间	注册用户可在用户主页下浏览其在本网站咨询问题、办事服务等历史信息的，得2分	2
创新发展（3分）	—	通过政府网站服务中心工作、方便社会公众的做法突出，并获得本地区、本部门主要领导同志肯定的，加3分	3

政府网站与政务新媒体监管工作年度考核指标

指标说明：

本指标分为三部分，单项否决指标、扣分指标和加分指标。扣分指标分值为100分，加分指标分值为20分。

本指标考核对象为各省（区、市）人民政府办公厅及国务院有关部门办公厅（室）。具体评分方式为：如监管工作出现单项否决指标中的任意一种情形，判定为不合格，不再对其他指标进行评分。如不存在单项否决指标所描述的问题，则对扣分指标进行评分，如结果低于60分，判定为不合格；高于80分，则进入加分指标评分环节，最后得分为扣分、加分指标得分之和。其中，采用扣分方式评分的，单项指标扣分之和不超过本项指标总分值。

类型	指标	评分细则	分值
单项否决	—	1.在国办开展的抽查中本地区、本部门多个政府网站或政务新媒体因出现严重表述错误被判定为不合格。 2.在国办开展的抽查中因其他原因本地区、本部门政府网站被判定为不合格超过（含）10个，或政务新媒体被判定为不合格超过（含）20个。 3.未按季度组织开展本地区、本部门政府网站抽查工作。 4.在政府网站、政务新媒体管理工作中存在弄虚作假行为。 上述情况出现任意一种，即单项否决	—

续表

类型	指标	评分细则	分值
扣分指标（100分）	通报整改	通报公开之日起2周内对问题仍未整改，或整改不到位的，扣10分	10
	抽查检查	1.本地区、本部门按季度组织开展的网站抽查未公开结果的，扣15分。 2.本地区、本部门按季度组织开展的网站抽查比例未达到30%的，每次扣5分	15
	考核评价	未将政府网站、政务新媒体工作纳入政府年度绩效考核的，扣10分 （注：对国务院部门不检查该项指标，其评分方式为：扣分指标以90分为满分，结果乘以10/9为得分）	10
	全面监管	政府网站未纳入监管范围的，每发现一个，扣1分	5
	网民监督	随机抽查本地区、本部门5个政府网站，未全站规范添加“我为政府网站找错”入口的，每发现一个，扣1分	5
		对上一年度网民通过“我为政府网站找错”平台提交的留言，未办结的，每发现一条，扣3分；超过一个月办结的，每发现一条，扣2分	10
	集约整合	网站已报关停却未关停，或关停后内容未迁移至上级网站的，每发现一个，扣5分	20
	年度报表	1.本地区、本部门政府网站监管年度报表未在省部级政府门户网站首页发布的，扣5分。 2.网站监管年度报表晚于1月31日发布的，扣2分	5
		随机抽查该地区、该部门5个政府网站： 1.网站工作年度报表未在本网站首页发布的，每发现一个，扣2分。 2.网站工作年度报表晚于1月31日发布的，每发现一个，扣1分。 3.网站工作年度报表已在本网站首页发布但未在省部级政府门户网站发布的，每发现一个，扣1分 （注：不足5个的则检查全部网站）	10
	网站域名	随机抽查该地区、该部门5个政府网站，域名不符合规范的，每发现一个，扣2分 （注：不足5个的则检查全部网站）	10

续表

类型	指标	评分细则	分值
加分指标（20分）	—	1.省级政府办公厅或实行垂直管理的国务院部门办公厅（室）每季度抽查政府网站比例均达100%的，加4分；抽查比例低于100%，但每季度均达到70%的，加2分。 2.在国办开展的抽查中，上一年度合格率均达100%的地区，加5分。 3.上一年度“我为政府网站找错”网民留言按期办结率达100%的，加4分。 4.本地区、本部门政府网站均迁移至集约化平台，实现资源优化融合、数据互认共享、管理统筹规范的，加5分。 5.县级政府门户网站的公开、办事、互动等功能与县级融媒体平台对接，提供内容、延伸发布取得较好效果的，加2分 （注：各地区、各部门可自行报送加分指标相关内容，国办将对上报内容进行复核）	20